CATALOGUE

DES

SIGNES HIÉROGLYPHIQUES

DE L'IMPRIMERIE

DE L'INSTITUT FRANÇAIS DU CAIRE

PAR

M. É. CHASSINAT

LE CAIRE

IMPRIMERIE DE L'INSTITUT FRANÇAIS

D'ARCHÉOLOGIE ORIENTALE

M DCCCC VII

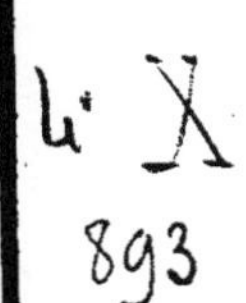

AVERTISSEMENT.

Le présent répertoire de caractères hiéroglyphiques, qui reproduit le matériel en usage à l'Imprimerie de l'Institut français d'archéologie orientale, réunit deux fonds distincts. Le premier, qui est le plus considérable, a été cédé à l'Institut par l'Imprimerie nationale de France, dont il est la propriété exclusive, lors de la création de notre atelier typographique, il y a neuf ans; le second a été créé de toutes pièces au Caire et fondu à l'Institut même, au cours des cinq dernières années : ce sont, pour la plupart, des signes du moyen empire et de la période gréco-romaine.

Le tout forme une collection de 3509 types différents gravés presque tous sur deux et quelquefois trois corps.

Ce recueil, le premier que l'Institut français publie, ajoute à la troisième édition du *Catalogue des signes hiéroglyphiques de l'Imprimerie nationale* (Paris, 1900) un supplément de 766 caractères.

Le classement adopté ici n'a aucune prétention scientifique. Il ne tient compte des récentes recherches épigraphiques qu'autant que celles-ci sont intelligibles *a priori*. Je n'ai eu d'autre préoccupation que de mettre entre les mains des auteurs, et surtout des ouvriers typographes, pour lesquels la besogne n'est pas toujours aisée, un instrument qui leur épargne des recherches compliquées et par suite une perte de temps inutile. Je ne me flatte pas d'avoir toujours atteint mon but, car ce qui donnerait pleine satisfaction à l'égyptologue ne conviendrait pas nécessairement au compositeur; de là certaines libertés que j'ai dû prendre, dont le premier me fera peut-être grief, mais dont le second profitera au cours de son travail compliqué.

J'ai supprimé partout les numéros *bis*, qui peuvent induire en erreur. J'ai également multiplié les subdivisions pour avoir des groupements plus saillants; enfin, les signes complexes, dont la place, dans une liste de ce genre, peut être variable, ont été classés en tenant compte surtout de l'élément caractéristique et le plus facilement reconnaissable. Là encore, pour les raisons que j'ai dites plus haut, j'ai bien souvent méconnu les règles que j'aurais été amené à suivre s'il se fût agi d'un opuscule scientifique.

De la double numérotation attribuée à chaque signe, la première seule est à retenir et à citer pour la correction des épreuves; l'autre, qui correspond à celle de l'ancienne classification, est à l'usage des compositeurs.

Le Caire, le 28 juin 1907.

É. CHASSINAT.

SOMMAIRE.

CATALOGUE
DES
SIGNES HIÉROGLYPHIQUES
DE L'IMPRIMERIE
DE L'INSTITUT FRANÇAIS DU CAIRE.

N^{os} DU CATALOGUE.		1er CORPS	2e CORPS	3e CORPS	N^{os} DU CATALOGUE.		1er CORPS	2e CORPS	3e CORPS
NOUVEAUX.	ANCIENS.				NOUVEAUX.	ANCIENS.			
CHAPITRE PREMIER. — HOMMES.									
1	409				14	419 bis			
2	416				15	420			
3	151				16	161			
4	153				17				
5	163				18	432			
6	164				19	433			
7	152				20	160			
8	162				21	412			
9	156				22	442			
10	410				23	445			
11	436				24	159			
12	436 bis				25	200			
13	419				26				

Nos du catalogue. Nouveaux.	Nos du catalogue. Anciens.	1er corps	2e corps	3e corps	Nos du catalogue. Nouveaux.	Nos du catalogue. Anciens.	1er corps	2e corps	3e corps
27					47	476			
28	437				48	178			
29	230				49	212			
30	158				50	431			
31	171				51	209			
32					52	210			
33					53	213			
34	175				54	215			
35	172				55	211			
36	173				56	214			
37					57	216			
38	174				58	201			
39	176				59	202			
40	177				60	463			
41	434				61	464			
42	434 *bis*				62	157			
43	435				63				
44	435 *bis*				64	199			
45					65	165			
46					66	166			

Nos du catalogue. Nouveaux.	Nos du catalogue. Anciens.	1er corps	2e corps	3e corps
67	208			
68	205			
69	207			
70				
71	185			
72	186			
73	191			
74				
75	189			
76	184			
77	190			
78	187			
79	446			
80	459			
81	192			
82	193			
83				
84	402			
85	194			
86	195			
87	403			
88	430			
89				
90	179			
91				
92				
93	180			
94	408			
95	182			
96				
97	405			
98	183			
99	183 *bis*			
100	181			
101	334			
102				
103	469			
104	206			
105	338			
106				

Nos du catalogue. Nouveaux.	Anciens.	1er corps	2e corps	3e corps	Nos du catalogue. Nouveaux.	Anciens.	1er corps	2e corps	3e corps
107					127	339			
108	155				128	217			
109					129				
110					130	226			
111					131	417			
112	169				132	231			
113	167				133	407			
114	167 *bis*				134				
115					135	224			
116					136	218			
117					137				
118					138	219			
119					139				
120	168				140				
121	170				141				
122	471				142	428			
123	472				143	429			
124	154				144				
125	483				145	427			
126	481				146	426			

N^os DU CATALOGUE. NOUVEAUX.	ANCIENS.	1er CORPS	2^e CORPS	3^e CORPS
147	478			
148				
149				
150				
151				
152	221			
153				
154				
155	220			
156				
157				
158				
159				
160	223			
161				
162				
163	222			
164	457			
165	458			
166	228			
167	229			
168	561			
169				
170	560			
171				
172				
173				
174				
175				
176	227			
177	462			
178	490			
179	449			
180				
181	448			
182	456			
183	465			
184	466			
185				
186				

N^os DU CATALOGUE. NOUVEAUX.	N^os DU CATALOGUE. ANCIENS.	1er CORPS	2^e CORPS	3^e CORPS
187				
188				
189	484			
190				
191				
192	225			
193	225 *bis*			
194	425			
195	425 *bis*			
196				
197	406			
198	234			
199	233			
200	232			
201	241			
202	240			
203	235			
204	236			
205	238			
206				
207	239			
208				
209				
210				
211	237			
212				
213	439			
214	243			
215	245			
216	244			
217	244 *bis*			
218	319			
219	487			
220	312			
221	423			
222	423 *bis*			
223	329			
224	321			
225	322			
226	331			

Nos du catalogue. Nouveaux.	Nos du catalogue. Anciens.	1er corps	2e corps	3e corps	Nos du catalogue. Nouveaux.	Nos du catalogue. Anciens.	1er corps	2e corps	3e corps
227	323				247	320			
228	324				248	438			
229	325				249	264			
230	326				250	268			
231	327				251	269			
232	309				252	270			
233	336				253	288			
234					254	337			
235					255				
236	310				256				
237	311				257	470			
238	313				258	266			
239	453				259	265			
240	454				260	267			
241	333				261				
242	314				262	424			
243	315				263	262			
244	316				264	263			
245	317				265				
246	318				266	330			

Nos du catalogue. Nouveaux.	Anciens.	1er corps	2e corps	3e corps	Nos du catalogue. Nouveaux.	Anciens.	1er corps	2e corps	3e corps
267	308	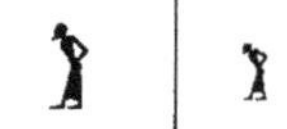			287				
268	328	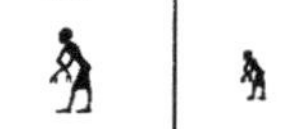			288				
269	271	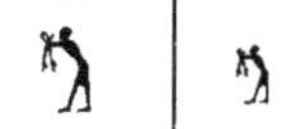			289	283			
270	272	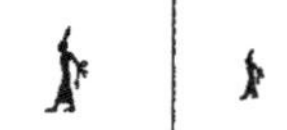			290	282			
271	273				291	284			
272	274	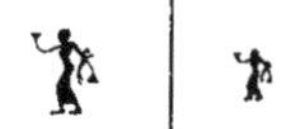			292				
273	188				293				
274	275				294	450			
275	196				295	455	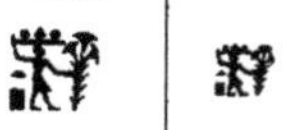		
276	197				296	451			
277	198				297	452	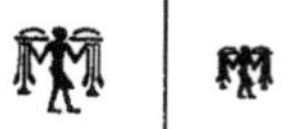		
278	293				298	276	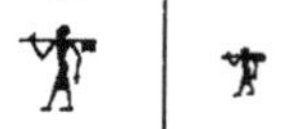		
279	292				299	277	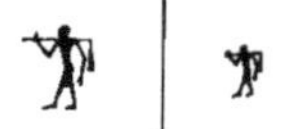		
280		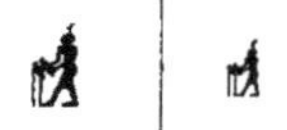			300	278	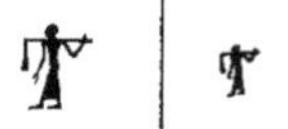		
281	447				301	279	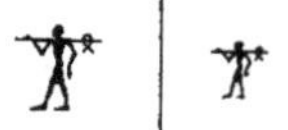		
282	460	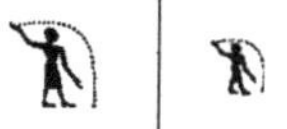			302	414			
283	287	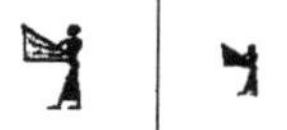			303				
284	285				304	280			
285	286				305	281	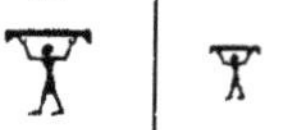		
286					306	400			

Nos du catalogue. Nouveaux.	Anciens.	1er corps	2e corps	3e corps
307	332			
308				
309	300			
310	301			
311	298			
312				
313	299			
314	296			
315	297			
316	474			
317	302			
318	303			
319	304			
320	203			
321	204			
322	482			
323	294			
324	295			
325	467			
326	468			
327	491			
328	492			
329	493			
330				
331	291			
332	486			
333	335			
334	305			
335	306			
336	307			
337	461			
338				
339				
340	242			
341	441			
342	440			
343	444			
344	251			
345	415			
346	415 *bis*			

Nos du catalogue. Nouveaux.	Anciens.	1er corps	2e corps	3e corps
347	250			
348	404			
349	418			
350	418 *bis*			
351	246			
352	247			
353	248			
354				
355	253			
356	254			
357	257			
358	258			
359				
360	255			
361	256			
362	259			
363	252			
364	475			
365	399			
366	401			

Nos du catalogue. Nouveaux.	Anciens.	1er corps	2e corps	3e corps
367	473			
368	260			
369	261			
370	289			
371				
372				
373	411			
374				
375	1027			
376				
377				
378	993			
379	494			
380	290			
381	2057			
382	2058			
383				
384				
385				
386				

Nos DU CATALOGUE. NOUVEAUX.	ANCIENS.	1er CORPS	2e CORPS	3e CORPS
387				
388				
389				
390				
391				
392				
393				
394				

CHAPITRE II. — Dieux.

Nos DU CATALOGUE. NOUVEAUX.	ANCIENS.	1er CORPS	2e CORPS	3e CORPS
395	383			
396				
397	382			
398				
399	413			
400	480			
401	342			
402				
403	340			
404	341			
405	345			
406	344			
407	346			
408	347			
409	343			
410				
411				
412	353			
413				
414				
415	352			
416	354			
417	355			
418	351			
419	356			
420				
421				
422				
423				
424	1894			

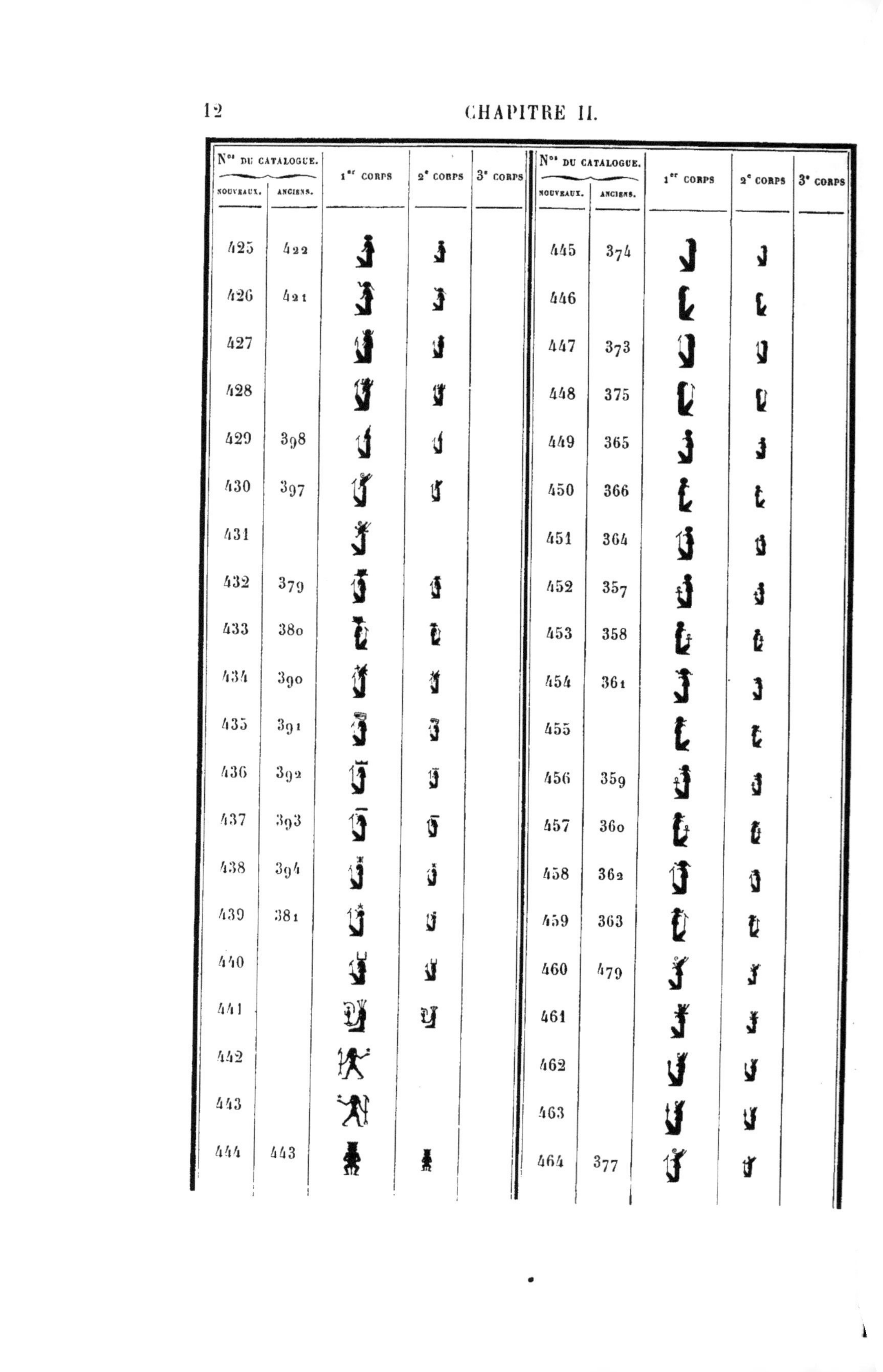

Nos du catalogue.		1er corps	2e corps	3e corps
Nouveaux.	Anciens.			
425	422			
426	421			
427				
428				
429	398			
430	397			
431				
432	379			
433	380			
434	390			
435	391			
436	392			
437	393			
438	394			
439	381			
440				
441				
442				
443				
444	443			
445	374			
446				
447	373			
448	375			
449	365			
450	366			
451	364			
452	357			
453	358			
454	361			
455				
456	359			
457	360			
458	362			
459	363			
460	479			
461				
462				
463				
464	377			

N^os^ du catalogue. Nouveaux.	Anciens.	1er corps	2^e^ corps	3^e^ corps
465	378			
466	369			
467	368			
468	370			
469	376			
470	367			
471				
472				
473				
474	488			
475				
476				
477	371			
478				
479	372			
480	384			
481				
482				
483				
484	348			
485	350			
486				
487	349			
488				
489	388			
490				
491	387			
492				
493				
494	386			
495				
496	385			
497	477			
498	389			
499				
500	395			
501				
502				
503				
504				

Nos du catalogue. Nouveaux.	Anciens.	1er corps	2e corps	3e corps	Nos du catalogue. Nouveaux.	Anciens.	1er corps	2e corps	3e corps
505					508				
506					509				
507					510				

CHAPITRE III. — Femmes.

Nouveaux.	Anciens.	1er corps	2e corps	3e corps	Nouveaux.	Anciens.	1er corps	2e corps	3e corps
511	547				527	549 *bis*			
512	547 *bis*				528	548			
513	563				529				
514					530	554			
515	550				531	555			
516	552				532				
517	551				533				
518	564				534				
519					535				
520					536				
521					537	594			
522					538	603			
523	566				539	562			
524	565				540	562 *bis*			
525	553				541				
526	549				542	604			

Nos DU CATALOGUE. NOUVEAUX.	ANCIENS.	1er CORPS	2e CORPS	3e CORPS
543				
544				
545	558			
546	559			
547				
548				
549				
550	557			
551	556			
552	596			
553	595			
554	593			
555				
556				
557				
558	597			
559	598			
560	606			
561	605			
562				
563				
564				
565				
566				
567				
568				
569				
570				

CHAPITRE IV. — Déesses.

Nos DU CATALOGUE. NOUVEAUX.	ANCIENS.	1er CORPS	2e CORPS	3e CORPS
571				
572				
573	580			
574				
575				
576	581			
577				
578	485			
579	599			
580	600			

N^{os} du catalogue. Nouveaux.	Anciens.	1er corps	2e corps	3e corps
581	583			
582				
583	582			
584				
585				
586	573			
587	574			
588	575			
589	576			
590				
591	568			
592				
593				
594				
595	396			
596				
597	567			
598				
599				
600	577			
601	584			
602	591			
603	589			
604	578			
605	579			
606	585			
607	586			
608	569			
609	588			
610	590			
611				
612				
613	587			
614	572			
615	571			
616				
617	570			
618				
619				
620				

Nos du catalogue. Nouveaux.	Anciens.	1er corps	2e corps	3e corps	Nos du catalogue. Nouveaux.	Anciens.	1er corps	2e corps	3e corps
621	601				628				
622	602				629				
623	607				630				
624	608				631				
625	592				632				
626					633				
627					634				

CHAPITRE V. — Parties du corps humain.

Nouveaux.	Anciens.	1er corps	2e corps	3e corps	Nouveaux.	Anciens.	1er corps	2e corps	3e corps
635					647	660			
636					648	661			
637					649	837			
638					650	836			
639					651				
640					652	840			
641					653	841			
642	828				654	862			
643	662				655	668			
644	663				656	664			
645	842				657	665			
646	658				658	665 *bis*			

Nos du catalogue. Nouveaux.	Nos du catalogue. Anciens.	1er corps	2e corps	3e corps
659				
660				
661	666			
662				
663	667			
664	847			
665	679			
666	680			
667	684			
668	684 *bis*			
669	693			
670	860			
671	689			
672	690			
673	692			
674	685			
675	686			
676	687			
677	699			
678	700			
679	701			
680	702			
681	694			
682	695			
683	696			
684	697			
685	698			
686	682			
687	691			
688	703			
689	704			
690	688			
691	677			
692	678			
693	672			
694				
695	669			
696	670			
697	671			
698	845			

Nos DU CATALOGUE. NOUVEAUX.	ANCIENS.	1er CORPS	2e CORPS	3e CORPS
699	846			
700	674			
701	720			
702	724			
703	721			
704	722			
705	750			
706	723			
707	725			
708	725 *bis*			
709	727			
710	728			
711	728 *bis*			
712	729			
713	730			
714	731			
715	731 *bis*			
716	732			
717	733			
718	734			
719	734 *bis*			
720	735			
721	736			
722	737			
723	741			
724	782			
725	844			
726	738			
727	739			
728	740			
729	838			
730	743			
731	743 *bis*			
732	744			
733	859			
734	742			
735	745			
736	746			
737	850			
738	861			

Nos du catalogue. Nouveaux.	Anciens.	1er corps	2e corps	3e corps
739	855			
740				
741				
742	835			
743				
744				
745	760			
746	761			
747	762			
748	755			
749	756			
750	757			
751	759			
752				
753	819			
754	826			
755	768			
756	827			
757	771			
758				
759	767			
760	763			
761	764			
762	829			
763	772			
764	765			
765	769			
766	766			
767	770			
768	773			
769	774			
770	775			
771	776			
772	776 *bis*			
773	777			
774	777 *bis*			
775	778			
776	779			
777	780			
778	781			

Nos DU CATALOGUE.		1er CORPS	2e CORPS	3e CORPS	Nos DU CATALOGUE.		1er CORPS	2e CORPS	3e CORPS
NOUVEAUX.	ANCIENS.				NOUVEAUX.	ANCIENS.			
779	830				799	783 *bis*			
780	831				800	784			
781	711				801	785			
782	712				802				
783	714				803	787			
784	715				804				
785	716				805				
786	717				806				
787	718				807	3073			
788	719				808	713			
789					809	849			
790	853				810	786			
791	866				811				
792	708				812	788			
793	708 *bis*				813	75			
794	709				814	789			
795	710				815	856			
796	843				816	790			
797	3624				817	791			
798	783				818				

Nos du catalogue. Nouveaux.	Anciens.	1er corps	2e corps	3e corps	Nos du catalogue. Nouveaux.	Anciens.	1er corps	2e corps	3e corps
819					839	804			
820	792				840	805			
821	792 *bis*				841	806			
822	793				842	807			
823	839				843	808			
824	794				844	1406			
825	795				845	2437			
826					846	3499			
827	796				847				
828	797				848				
829	798				849	1949			
830	834				850	1938			
831	834 *bis*				851	2442			
832	799				852	3255			
833	799 *bis*				853	3276			
834	800				854	857			
835	801				855	858			
836	801 *bis*				856	854			
837	802				857	810			
838	803				858	811			

N^os DU CATALOGUE. Nouveaux.	Anciens.	1er CORPS	2^e CORPS	3^e CORPS
859	832			
860	815			
861	816			
862	817			
863	817 *bis*			
864	818			
865	863			
866	865			
867				
868	821			
869	822			
870				
871	823			
872	812			
873	813			
874	814			
875	851			
876	852			
877				
878	824			
879				
880				
881				
882				
883				
884				
885				
886				
887				
888				
889				
890				
891				
892				
893				
894				
895				
896				
897				
898				

Nos du catalogue. Nouveaux.	Anciens.	1er corps	2e corps	3e corps	Nos du catalogue. Nouveaux.	Anciens.	1er corps	2e corps	3e corps
CHAPITRE VI. — Mammifères.									
899	940				918				
900					919				
901					920	957			
902					921	955			
903	941				922	956			
904	942				923	947			
905	943				924	954			
906					925	954 *bis*			
907					926	1107			
908					927				
909	945				928	1103			
910	944				929	958			
911					930				
912					931	959			
913	1106				932	960			
914					933	961			
915	946				934	965			
916					935				
917					936				

Nos DU CATALOGUE.		1er CORPS	2e CORPS	3e CORPS
NOUVEAUX.	ANCIENS.			
937	966			
938				
939	967			
940	968			
941	968 *bis*			
942	969			
943	970			
944	1102			
945	1110			
946				
947	1098			
948	971			
949	972			
950	1070			
951	982			
952	1078			
953	1078 *bis*			
954				
955	1024			
956	1025			
957	1026			
958	1094			
959	1095			
960	1090			
961	1105			
962	1028			
963	1032			
964	1033			
965	1029			
966	1031			
967	1030			
968	1091			
969	1058			
970	1069			
971	1059			
972	1060			
973	1060 *bis*			
974	1014			
975				
976	1017			

N^os DU CATALOGUE. NOUVEAUX.	ANCIENS.	1er CORPS	2^e CORPS	3^e CORPS	N^os DU CATALOGUE. NOUVEAUX.	ANCIENS.	1er CORPS	2^e CORPS	3^e CORPS
977	1018				997				
978	1081				998	991			
979	1015				999	992			
980					1000				
981	1022				1001	994			
982	1022 *bis*				1002	997			
983	1003				1003	998			
984	1096				1004	996			
985	1004				1005				
986					1006				
987	1101				1007	964			
988	1008				1008	1072			
989	1009				1009	995			
990	1000				1010	999			
991	1001				1011	984			
992	1002				1012	986			
993	1007				1013	987			
994	1005				1014	1089			
995	1080				1015	1067			
996	990				1016	1068			

Nos DU CATALOGUE. NOUVEAUX.	Nos DU CATALOGUE. ANCIENS.	1er CORPS	2e CORPS	3e CORPS
1017				
1018	1023			
1019				
1020	1006			
1021				
1022	983			
1023	1112			
1024	1099			
1025	989			
1026	1066			
1027	1066 bis			
1028				
1029				
1030				
1031				
1032				
1033				
1034				

CHAPITRE VII. — Parties du corps des mammifères.

Nos DU CATALOGUE. NOUVEAUX.	Nos DU CATALOGUE. ANCIENS.	1er CORPS	2e CORPS	3e CORPS
1035	948			
1036	948 bis			
1037	949			
1038	950			
1039	951			
1040	1074			
1041	1075			
1042	952			
1043				
1044	974			
1045	975			
1046				
1047				
1048				
1049	973			
1050	1034			
1051	1034 bis			
1052	1083			
1053	1083 bis			
1054	1062			

Nos DU CATALOGUE.		1er CORPS	2e CORPS	3e CORPS
NOUVEAUX.	ANCIENS.			
1055				
1056	1063			
1057	1063 *bis*			
1058	1079			
1059				
1060	1019			
1061	1016			
1062				
1063	1020			
1064	1100			
1065	1010			
1066	1011			
1067				
1068	1104			
1069	1012			
1070	1013			
1071				
1072				
1073				
1074				

Nos DU CATALOGUE.		1er CORPS	2e CORPS	3e CORPS
NOUVEAUX.	ANCIENS.			
1075				
1076				
1077	988			
1078	1082			
1079	1036			
1080	1037			
1081	1038			
1082				
1083				
1084	1584			
1085				
1086	1021			
1087	1097			
1088	1040			
1089	1039			
1090	985			
1091	1076			
1092	1077			
1093	1285			
1094	1084			

Nos du catalogue.		1er corps	2e corps	3e corps
Nouveaux.	Anciens.			
1095	1084 *bis*			
1096	1064			
1097	1065			
1098	1065 *bis*			
1099	953			
1100	953 *bis*			
1101	1085			
1102	1086			
1103	1041			
1104	1041 *bis*			
1105	1042			
1106				
1107	1043			
1108	1044			
1109				
1110				
1111				
1112				
1113	1113			
1114	1109			
1115	1092			
1116	1093			
1117	1052			
1118	1088			
1119	1051			
1120	1053			
1121	1054			
1122	1055			
1123	1056			
1124	1057			
1125	1108			
1126	962			
1127	963			
1128	1071			
1129	1073			
1130				
1131	1045			
1132	3020			
1133	1046			
1134	1047			

Nos DU CATALOGUE.		1er CORPS	2e CORPS	3e CORPS	Nos DU CATALOGUE.		1er CORPS	2e CORPS	3e CORPS
NOUVEAUX.	ANCIENS.				NOUVEAUX.	ANCIENS.			
1135	1048				1148	833			
1136	3627				1149	3507			
1137	1049				1150	3508			
1138					1151	3503			
1139					1152	3504			
1140					1153				
1141					1154				
1142					1155				
1143					1156				
1144					1157				
1145	1111				1158				
1146	1050				1159				
1147	1050 *bis*				1160				

CHAPITRE VIII. — Oiseaux.

Nos DU CATALOGUE.		1er CORPS	2e CORPS	3e CORPS	Nos DU CATALOGUE.		1er CORPS	2e CORPS	3e CORPS
NOUVEAUX.	ANCIENS.				NOUVEAUX.	ANCIENS.			
1161	1170				1167	1167			
1162	1165				1168	1166			
1163	1165 *bis*				1169	1168			
1164					1170	1169			
1165					1171				
1166					1172				

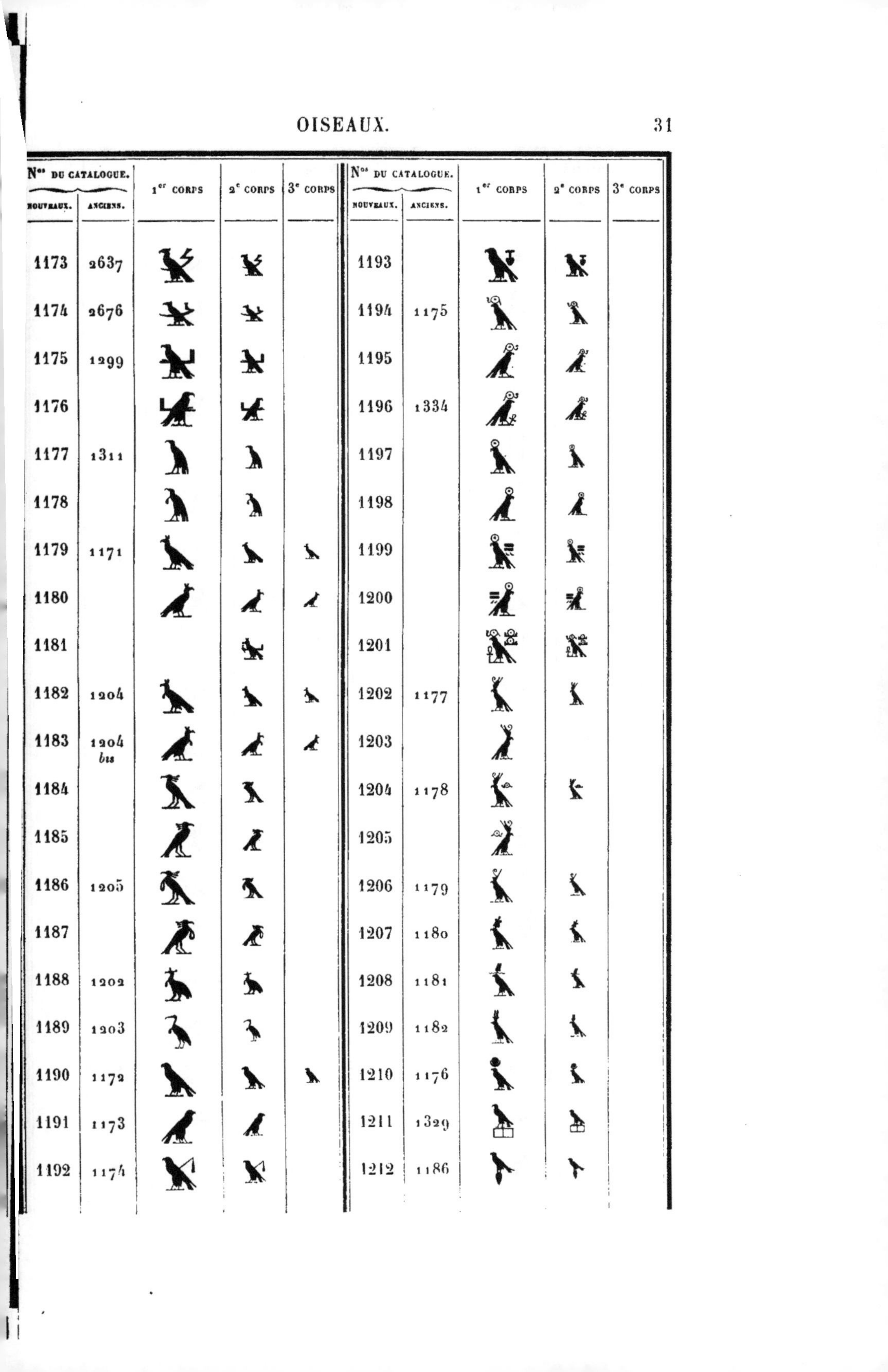

Nos du catalogue. Nouveaux.	Anciens.	1er corps	2e corps	3e corps
1173	2637			
1174	2676			
1175	1299			
1176				
1177	1311			
1178				
1179	1171			
1180				
1181				
1182	1204			
1183	1204 *bis*			
1184				
1185				
1186	1205			
1187				
1188	1202			
1189	1203			
1190	1172			
1191	1173			
1192	1174			
1193				
1194	1175			
1195				
1196	1334			
1197				
1198				
1199				
1200				
1201				
1202	1177			
1203				
1204	1178			
1205				
1206	1179			
1207	1180			
1208	1181			
1209	1182			
1210	1176			
1211	1329			
1212	1186			

Nos du catalogue.		1er corps	2e corps	3e corps
Nouveaux.	Anciens.			
1213				
1214				
1215				
1216				
1217				
1218	1188			
1219	1338			
1220	1339			
1221	1187			
1222				
1223	1189			
1224	1310			
1225				
1226				
1227				
1228	1190			
1229	1191			
1230				
1231				
1232				

Nos du catalogue.		1er corps	2e corps	3e corps
Nouveaux.	Anciens.			
1233	1184			
1234	1185			
1235	1183			
1236	1315			
1237				
1238	1313			
1239				
1240	1314			
1241				
1242	1312			
1243	1316			
1244	1323			
1245	1192			
1246				
1247	1331			
1248				
1249				
1250	1197			
1251	1197 *bis*			
1252				

Nos du catalogue.		1er corps	2e corps	3e corps	Nos du catalogue.		1er corps	2e corps	3e corps
Nouveaux.	Anciens.				Nouveaux.	Anciens.			
1253					1273	1208			
1254	1198				1274				
1255					1275				
1256					1276				
1257					1277	1324			
1258	1199				1278	1327			
1259	1295				1279				
1260	1296				1280				
1261	1297				1281				
1262					1282				
1263	1200				1283	1220			
1264					1284	1220 *bis*			
1265					1285	1292			
1266	1307				1286				
1267	1307 *bis*				1287				
1268	1206				1288				
1269					1289				
1270	1207				1290				
1271	1207 *bis*				1291				
1272					1292	1223			

Nos du catalogue.		1er corps	2e corps	3e corps
Nouveaux.	Anciens.			
1293	1221			
1294	1337			
1295				
1296	1328			
1297	1325			
1298				
1299				
1300				
1301				
1302				
1303	2638			
1304	1222			
1305	1276			
1306	1224			
1307				
1308				
1309	1225			
1310	1226			
1311				
1312	1227			

Nos du catalogue.		1er corps	2e corps	3e corps
Nouveaux.	Anciens.			
1313				
1314	1298			
1315	1298 *bis*			
1316	1228			
1317	1229			
1318	1230			
1319	1231			
1320	1232			
1321				
1322				
1323	1317			
1324	1319			
1325	1318			
1326	1320			
1327	1233			
1328				
1329				
1330	1234			
1331	1234 *bis*			
1332	1301			

Nos du catalogue.		1er corps	2e corps	3e corps	Nos du catalogue.		1er corps	2e corps	3e corps
nouveaux.	anciens.				nouveaux.	anciens.			
1333					1353	1245			
1334	1235				1354	1246			
1335					1355	1247			
1336	1236				1356	1248	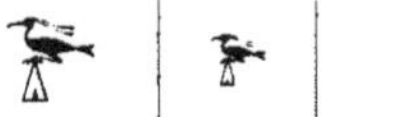		
1337	1237				1357	1326	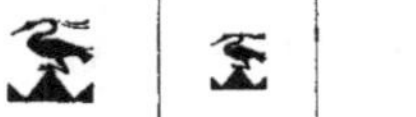		
1338	1241				1358		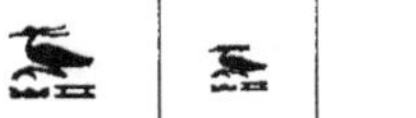		
1339	1262				1359				
1340	1238				1360				
1341					1361				
1342	1300				1362	1303			
1343	1300 *bis*				1363	1304			
1344	1239				1364	1263			
1345					1365	1265			
1346	1240				1366	1264			
1347	1242				1367	1272			
1348	1242 *bis*				1368	1273			
1349	1332				1369	1271			
1350	1332 *bis*				1370	1269			
1351	1244				1371	1270			
1352	1244 *bis*				1372	1270 *bis*			

Nos du catalogue. Nouveaux.	Anciens.	1er corps	2e corps	3e corps	Nos du catalogue. Nouveaux.	Anciens.	1er corps	2e corps	3e corps
1373	1277				1393				
1374	1277 *bis*				1394				
1375	1294				1395				
1376					1396				
1377	1254				1397				
1378	1255				1398	1275			
1379	1256				1399	1275 *bis*			
1380					1400				
1381	1259				1401	1218			
1382	1260				1402	1219			
1383	1261				1403	1250			
1384					1404	1305			
1385					1405	1251			
1386	1293				1406	1252			
1387					1407	1253			
1388	1306				1408				
1389	1306 *bis*				1409				
1390	1266				1410	1212			
1391	1274				1411	1321			
1392	1274 *bis*				1412	1213			

Nos du catalogue. Nouveaux.	Anciens.	1er corps	2e corps	3e corps
1413	1213 *bis*			
1414	1211			
1415	1214			
1416	1215			
1417	1217			
1418	1216			
1419	1309			
1420				
1421	1340			
1422	1267			
1423	1268			
1424				
1425				
1426				
1427				
1428				
1429				
1430				
1431				
1432				
1433				
1434				

CHAPITRE IX. — Parties du corps des oiseaux.

Nos du catalogue. Nouveaux.	Anciens.	1er corps	2e corps	3e corps
1435	1193			
1436	1194			
1437				
1438	1195			
1439	1196			
1440	1201			
1441	1201 *bis*			
1442				
1443	1243			
1444	1249			
1445				
1446	1257			
1447	1258			
1448				
1449	1209			
1450	1210			

Nos du catalogue. Nouveaux.	Anciens.	1er corps	2e corps	3e corps	Nos du catalogue. Nouveaux.	Anciens.	1er corps	2e corps	3e corps
1451					1466	1330			
1452	1287				1467	1286			
1453	1288				1468				
1454	1289				1469	1302			
1455	1322				1470				
1456	1279				1471				
1457					1472				
1458					1473				
1459	1278				1474				
1460					1475				
1461	1280				1476				
1462	1281				1477				
1463	1282				1478				
1464	1283				1479				
1465	1284				1480				

CHAPITRE X. — Sauriens, batraciens, amphibies.

Nouveaux.	Anciens.	1er corps	2e corps	3e corps	Nouveaux.	Anciens.	1er corps	2e corps	3e corps
1481	1390				1485				
1482	1390 *bis*				1486	1391			
1483					1487	1478			
1484					1488	1392			

Nos DU CATALOGUE.		1er CORPS	2e CORPS	3e CORPS	Nos DU CATALOGUE.		1er CORPS	2e CORPS	3e CORPS
NOUVEAUX.	ANCIENS.				NOUVEAUX.	ANCIENS.			
1489	1475				1498				
1490	1475 *bis*				1499				
1491	1393				1500				
1492	1395				1501				
1493	1396				1502				
1494	1398				1503				
1495	1399				1504				
1496	1397				1505				
1497					1506				

CHAPITRE XI. — Reptiles.

Nos DU CATALOGUE.		1er CORPS	2e CORPS	3e CORPS	Nos DU CATALOGUE.		1er CORPS	2e CORPS	3e CORPS
NOUVEAUX.	ANCIENS.				NOUVEAUX.	ANCIENS.			
1507	1426				1517	1428			
1508	1474				1518	1476			
1509	1474 *bis*				1519				
1510	1424				1520				
1511	1429				1521	1472			
1512	1430				1522	1432			
1513	1425				1523	1432 *bis*			
1514					1524	1473			
1515	1431				1525				
1516	1427				1526				

N^os DU CATALOGUE. NOUVEAUX.	ANCIENS.	1er CORPS	2e CORPS	3e CORPS	N^os DU CATALOGUE. NOUVEAUX.	ANCIENS.	1er CORPS	2e CORPS	3e CORPS
1527	1435				1547	1451			
1528	1436				1548	1480			
1529	1437				1549	1444			
1530	1438				1550	3			
1531					1551	1452			
1532					1552	1479			
1533	1433				1553	1443			
1534	1434				1554	1441			
1535	1439				1555	1442			
1536	1439 *bis*				1556				
1537					1557	1471			
1538	1440				1558	1470			
1539					1559				
1540	1445				1560				
1541	1446				1561	1469			
1542	1447				1562	1468			
1543	1448				1563	1455			
1544	1449				1564	1454			
1545	1450				1565	1453			
1546					1566	1459			

Nos du catalogue.		1er corps	2e corps	3e corps
nouveaux.	anciens.			
1567	1460			
1568	1461			
1569	1458			
1570				
1571				
1572				
1573	1456			
1574	1457			
1575	1462			
1576	1463			
1577	1464			
1578	1465			
1579	1466			
1580	1467			
1581				
1582				
1583				
1584				
1585				
1586				
1587				
1588				
1589				
1590				

CHAPITRE XII. — Insectes.

Nos du catalogue.		1er corps	2e corps	3e corps
nouveaux.	anciens.			
1591	1422			
1592				
1593				
1594				
1595	4			
1596				
1597	1423			
1598				
1599				
1600				
1601				
1602	1412			
1603	1415			
1604	1416			

Nos du catalogue. Nouveaux.	Nos du catalogue. Anciens.	1er corps	2e corps	3e corps
1605	1417			
1606	1418			
1607	1420			
1608	1421			
1609				
1610	1419			
1611				
1612				
1613				
1614				
1615	1413			
1616	1414			
1617				
1618				
1619				
1620				
1621				
1622				
1623				
1624				
1625				
1626				
1627				
1628				

CHAPITRE XIII. — Poissons.

Nos du catalogue. Nouveaux.	Nos du catalogue. Anciens.	1er corps	2e corps	3e corps
1629	1400			
1630	1401			
1631	1401 *bis*			
1632	1402			
1633	1403			
1634	1405			
1635	1405 *bis*			
1636	1407			
1637	1408			
1638	1409			
1639	1410			
1640	1481			
1641				
1642	1404			

Nos du catalogue. Nouveaux.	Anciens.	1er corps	2e corps	3e corps
1643	1482			
1644	1411			
1645	1477			
1646	1477 *bis*			
1647				
1648				
1649				
1650				
1651				
1652				
1653				
1654				
1655				
1656				

CHAPITRE XIV. — Végétaux.

Nos du catalogue. Nouveaux.	Anciens.	1er corps	2e corps	3e corps
1657	1558			
1658	1718			
1659				
1660	1559			
1661	1690			
1662	1712			
1663				
1664	1727			
1665	1560			
1666	1707			
1667				
1668				
1669				
1670				
1671	1577			
1672	1567			
1673	1705			
1674	1581			
1675	1581 *bis*			
1676	1582			
1677	1583			
1678				
1679				
1680				

Nos du catalogue.		1er corps	2e corps	3e corps	Nos du catalogue.		1er corps	2e corps	3e corps
Nouveaux.	Anciens.				Nouveaux.	Anciens.			
1681					1701	1592			
1682	1561				1702	1593			
1683	1565				1703	1595			
1684	1565 *bis*				1704	1596			
1685	1566				1705	1597			
1686	1586				1706	1719			
1687	1585				1707	1694			
1688	1587				1708	1598			
1689	1700				1709	1599			
1690	1720				1710	1600			
1691	1726				1711	1601			
1692	1704				1712	1603			
1693	1594				1713	83			
1694	1588				1714	1602			
1695	1589				1715				
1696	1590				1716	1632			
1697					1717	1631			
1698					1718	1635			
1699					1719	1636			
1700	1591				1720	1630			

N°s du catalogue. Nouveaux.	Anciens.	1er corps	2e corps	3e corps
1721	1637			
1722				
1723	1633			
1724	1634			
1725	1628			
1726	1629			
1727	1638			
1728	1708			
1729	1709			
1730	1710			
1731	1711			
1732	1646			
1733	1647			
1734	1648			
1735	1649			
1736	1625			
1737	1626			
1738	1653			
1739	1654			
1740	3374			
1741	3395			
1742				
1743	1620			
1744	1621			
1745				
1746	1627			
1747	1624			
1748	1691			
1749				
1750	1655			
1751	1657			
1752	1658			
1753	1658 *bis*			
1754	1659			
1755	1623			
1756	1696			
1757	1688			
1758	1693			
1759	1622			
1760				

Nos du catalogue. Nouveaux.	Anciens.	1er corps	2e corps	3e corps	Nos du catalogue. Nouveaux.	Anciens.	1er corps	2e corps	3e corps
1761	1681				1781	1609			
1762	1618				1782	1702			
1763	1619				1783	1724			
1764					1784				
1765	1656				1785	1612			
1766	1682				1786	1613			
1767	1660				1787				
1768					1788	1614			
1769	1644				1789	1615			
1770	1645				1790	1616			
1771	1661				1791	1617			
1772					1792	1715			
1773					1793	1664			
1774	1692				1794	1665			
1775					1795	1568			
1776					1796	1569			
1777					1797				
1778	1608				1798				
1779	1610				1799	1604			
1780	1611				1800	1605			

Nos DU CATALOGUE.		1er CORPS	2e CORPS	3e CORPS	Nos DU CATALOGUE.		1er CORPS	2e CORPS	3e CORPS
NOUVEAUX.	ANCIENS.				NOUVEAUX.	ANCIENS.			
1801	1606				1821	1580			
1802	1706				1822	1697			
1803	1607				1823	1698			
1804	1701				1824	1699			
1805	1717				1825				
1806	1669				1826	1684			
1807	1670				1827	1685			
1808	1671				1828	1686	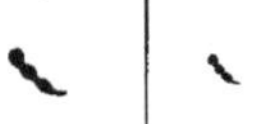		
1809	1662				1829	1687			
1810	1663				1830	1723			
1811	1666				1831	1695			
1812	1667	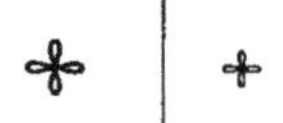			1832	1563			
1813		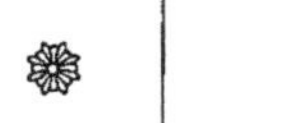			1833	1564			
1814					1834				
1815	1672	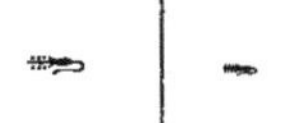			1835	1677			
1816	1673	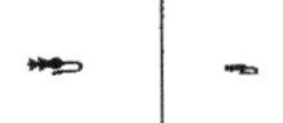			1836	1676			
1817	1674				1837	1716			
1818	1703				1838				
1819	1578	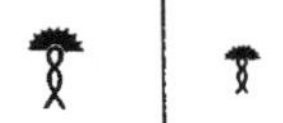			1839	1683			
1820	1579				1840	1678			

Nos DU CATALOGUE.		1er CORPS	2e CORPS	3e CORPS	Nos DU CATALOGUE.		1er CORPS	2e CORPS	3e CORPS
NOUVEAUX.	ANCIENS.				NOUVEAUX.	ANCIENS.			
1841	1679				1855				
1842	1729				1856	1576			
1843					1857	1689			
1844					1858				
1845					1859				
1846	1680				1860				
1847	1668				1861				
1848	1651				1862				
1849	1650				1863				
1850	1728				1864				
1851	1652				1865				
1852	1562				1866				
1853	1725				1867				
1854	1675				1868				

CHAPITRE XV. — Ciel, astres, terre, eau.

Nos nouveaux	Nos anciens	1er CORPS	2e CORPS	3e CORPS	Nos nouveaux	Nos anciens	1er CORPS	2e CORPS	3e CORPS
1869	1				1874	7			
1870	2				1875	8			
1871	17				1876	9			
1872	5				1877	10			
1873	6				1878	11			

Nos DU CATALOGUE. NOUVEAUX.	ANCIENS.	1er CORPS	2e CORPS	3e CORPS
1879	13			
1880	14			
1881	15			
1882	16			
1883	12			
1884	21			
1885	22			
1886	23			
1887	24			
1888	26			
1889	27			
1890	25			
1891	28			
1892	35			
1893	29			
1894				
1895	30			
1896	31			
1897	32			
1898	34			

Nos DU CATALOGUE. NOUVEAUX.	ANCIENS.	1er CORPS	2e CORPS	3e CORPS
1899	33			
1900	3514			
1901				
1902	99			
1903	98			
1904				
1905				
1906	102			
1907	38			
1908	39			
1909	40			
1910	95			
1911	36			
1912	37			
1913				
1914	3500			
1915	3501			
1916	93			
1917				
1918	19			

N^os DU CATALOGUE. NOUVEAUX.	ANCIENS.	1er CORPS	2^e CORPS	3^e CORPS	N^os DU CATALOGUE. NOUVEAUX.	ANCIENS.	1er CORPS	2^e CORPS	3^e CORPS
1919	96				1939	42			
1920	20				1940	89			
1921					1941	43			
1922	52				1942	3523			
1923	51				1943	97			
1924	49				1944	3513			
1925	101				1945	55			
1926	53				1946	56			
1927	54				1947	57			
1928	47				1948	3515			
1929	44				1949	3494			
1930	45				1950	3516			
1931	46				1951				
1932	48				1952	3470			
1933	88				1953	3473			
1934	50				1954	3474			
1935	87				1955	3475			
1936					1956	3476			
1937	91				1957	3505			
1938	41				1958	3506			

Nos DU CATALOGUE.		1er CORPS	2e CORPS	3e CORPS
NOUVEAUX.	ANCIENS.			
1959	58			
1960	59			
1961	60			
1962	100			
1963	61			
1964	64			
1965	69			
1966	70			
1967				
1968	1394			
1969	92			
1970	74			
1971	90			
1972	76			
1973	78			
1974				
1975	77			
1976	79			
1977	80			
1978	3457			
1979	1977			
1980	3458			
1981	3459			
1982	84			
1983	85			
1984	3460			
1985				
1986	3462			
1987	3461			
1988	1642			
1989	1640			
1990	1639			
1991	1643			
1992	1641			
1993	1722			
1994	1721			
1995	1923			
1996	1924			
1997	1925			
1998	3465			

Nos du catalogue. Nouveaux.	Anciens.	1er corps	2e corps	3e corps	Nos du catalogue. Nouveaux.	Anciens.	1er corps	2e corps	3e corps
1999	3290				2019	3511			
2000	3250				2020	3478			
2001					2021	3482			
2002	3252				2022	3479			
2003	3251				2023				
2004	3282				2024	3596			
2005	3463				2025	3595			
2006	3464				2026	3594			
2007	1936				2027	3593			
2008	1937				2028				
2009	1935				2029				
2010	1934				2030				
2011	1933				2031				
2012	1932				2032				
2013	1942				2033				
2014	1941				2034				
2015	1939				2035				
2016	1943				2036				
2017	1940				2037				
2018	3487				2038				

CHAPITRE XVI. — Plans, édifices, parties d'édifices.

Nos du catalogue. Nouveaux.	Anciens.	1er corps	2e corps	3e corps
2039	1953			
2040	1954			
2041	1875			
2042	1876			
2043	1877			
2044	1874			
2045	1952			
2046	1783			
2047	1784			
2048	1951			
2049	3300			
2050	1947			
2051	1785			
2052	1788			
2053	1792			
2054	1793			
2055				
2056				
2057				
2058				
2059				
2060				
2061	1795			
2062	1790			
2063	1791			
2064	1789			
2065	1786			
2066	1787			
2067				
2068				
2069	1794			
2070	1796			
2071	1797			
2072	1804			
2073	1799			
2074	1800			
2075	1803			
2076	1805			

Nos du catalogue. Nouveaux.	Anciens.	1er corps	2e corps	3e corps	Nos du catalogue. Nouveaux.	Anciens.	1er corps	2e corps	3e corps
2077	1978				2097	1820			
2078	1807				2098	1821			
2079	1808				2099	1822			
2080	1955				2100	1823			
2081	1810				2101	1824			
2082	1809				2102	1825			
2083	1798				2103	1826			
2084	1801				2104	1827			
2085	1802				2105	1828			
2086	1806				2106	1829			
2087	1812				2107	1830			
2088	1813				2108	1831			
2089					2109	1832			
2090	1811				2110	1833			
2091	1814				2111	1834			
2092	1815				2112	1835			
2093	1816				2113	1836			
2094	1817				2114	1837			
2095	1818				2115	1838			
2096	1819				2116	1839			

N^{os} DU CATALOGUE. NOUVEAUX.	ANCIENS.	1er CORPS	2^e CORPS	3^e CORPS
2117	1840	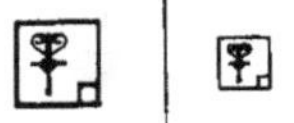		
2118	1841	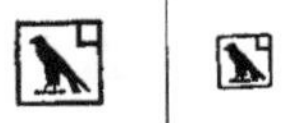		
2119	1841 *bis*	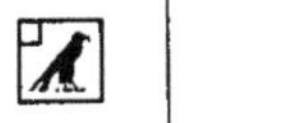		
2120	1842			
2121	1843	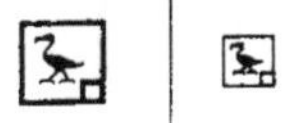		
2122	1844	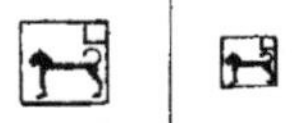		
2123		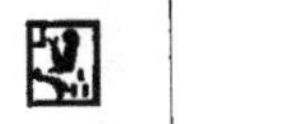		
2124		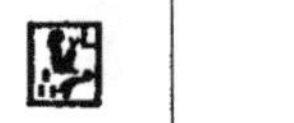		
2125		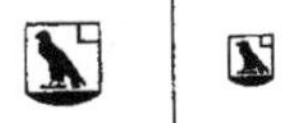		
2126	249			
2127	1850	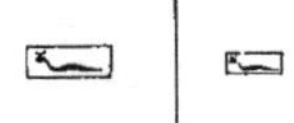		
2128	1849	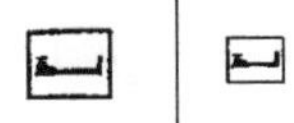		
2129	1852	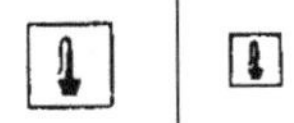		
2130	1851			
2131	1855			
2132	1856	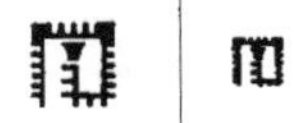		
2133	1857	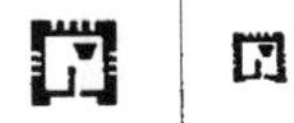		
2134	1858	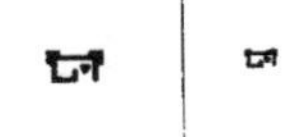		
2135	1859	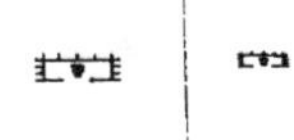		
2136	1860	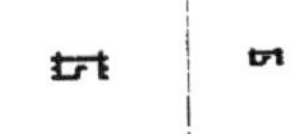		

N^{os} DU CATALOGUE. NOUVEAUX.	ANCIENS.	1er CORPS	2^e CORPS	3^e CORPS
2137	1884			
2138	1885			
2139	1974	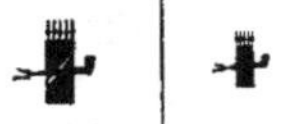		
2140	1975	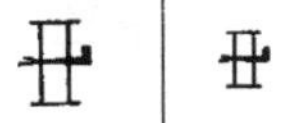		
2141	1845	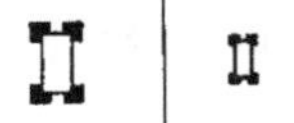		
2142	1846	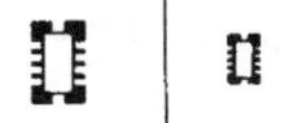		
2143	1847	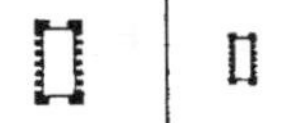		
2144	1848			
2145	1919	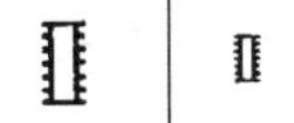		
2146	1920			
2147	1921	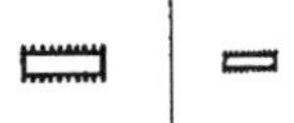		
2148	1922			
2149	1853	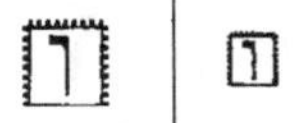		
2150	1879	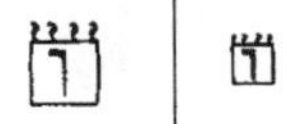		
2151	1969			
2152	1970	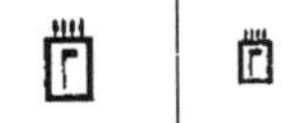		
2153	1881	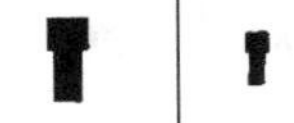		
2154	1882	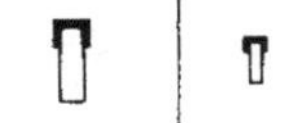		
2155		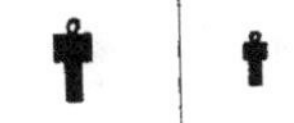		
2156	1878			

Nos DU CATALOGUE.		1er CORPS	2e CORPS	3e CORPS	Nos DU CATALOGUE.		1er CORPS	2e CORPS	3e CORPS
NOUVEAUX.	ANCIENS.				NOUVEAUX.	ANCIENS.			
2157	1944				2177	1968			
2158	1945				2178	1911			
2159					2179				
2160					2180	1912			
2161	1961				2181	1913			
2162	1960				2182	1914			
2163	1959				2183	3524			
2164	1958				2184	1926			
2165	1976				2185	1928			
2166	1957				2186	1908			
2167	1956				2187	1909			
2168	1888				2188	1910			
2169	1887				2189				
2170	1886				2190	1901			
2171					2191	1902			
2172					2192	1971			
2173	1880				2193	1899			
2174	1892				2194	1900			
2175	1907				2195	1903			
2176	1906				2196	1905			

Nos DU CATALOGUE. NOUVEAUX.	ANCIENS.	1er CORPS	2e CORPS	3e CORPS
2197	1904			
2198	1965			
2199	1966			
2200	1964			
2201	1963			
2202				
2203	1915			
2204	1916			
2205	1917			
2206	1918			
2207	1967			
2208				
2209				
2210	1871			
2211	1972			
2212	1870			
2213	1869			
2214	1867			
2215	1864			
2216				

Nos DU CATALOGUE. NOUVEAUX.	ANCIENS.	1er CORPS	2e CORPS	3e CORPS
2217	1863			
2218	1865			
2219	1862			
2220	1866			
2221	1861			
2222	1868			
2223	1872			
2224				
2225	1873			
2226	1890			
2227	1891			
2228				
2229				
2230	1962			
2231	1854			
2232				
2233				
2234				
2235				
2236				

Nos du catalogue. Nouveaux.	Anciens.	1er corps	2e corps	3e corps	Nos du catalogue. Nouveaux.	Anciens.	1er corps	2e corps	3e corps
2237					2241				
2238					2242				
2239					2243				
2240					2244				

CHAPITRE XVII. — Mobilier profane et sacré.

Nos du catalogue. Nouveaux.	Anciens.	1er corps	2e corps	3e corps	Nos du catalogue. Nouveaux.	Anciens.	1er corps	2e corps	3e corps
2245	2341				2260				
2246	2341 *bis*				2261				
2247	2342				2262	2350			
2248	18				2263	2449			
2249	2343				2264				
2250	2344				2265	2358			
2251	2345				2266	2359			
2252					2267	2351			
2253	2346				2268				
2254	2444				2269				
2255	2347				2270	1896			
2256	2348				2271	2352			
2257	2349				2272	2353			
2258	2439				2273	2354			
2259					2274	2355			

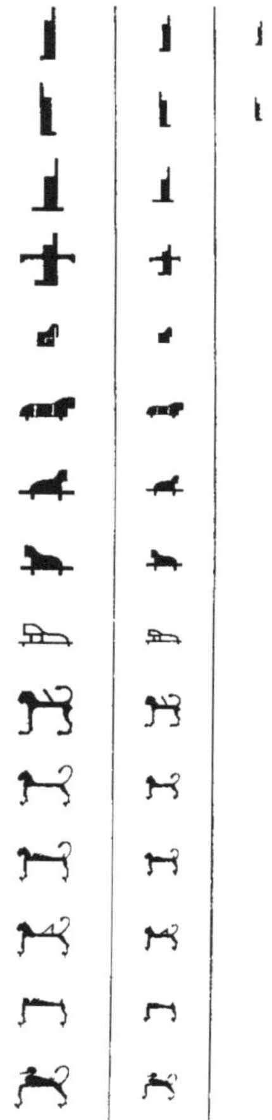

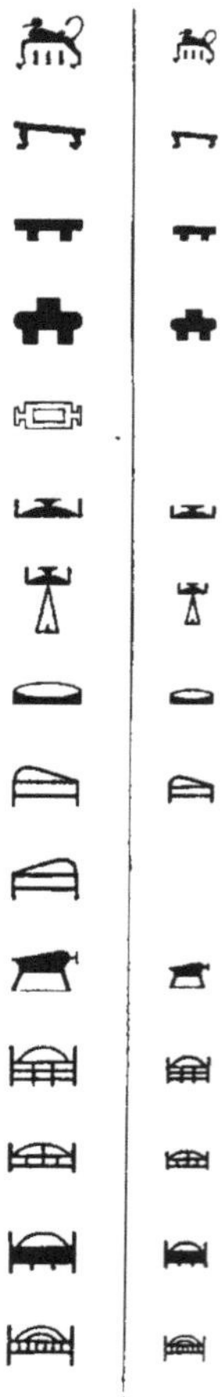

Nos DU CATALOGUE. NOUVEAUX.	ANCIENS.	1er CORPS	2e CORPS	3e CORPS	Nos DU CATALOGUE. NOUVEAUX.	ANCIENS.	1er CORPS	2e CORPS	3e CORPS
2275					2295	1895			
2276					2296				
2277					2297				
2278	2361				2298				
2279					2299				
2280					2300				
2281	2356				2301				
2282	2357				2302				
2283					2303				
2284	1893				2304				
2285	1897				2305	3178			
2286	1898				2306	3189			
2287	1946				2307	3102			
2288					2308	3103			
2289					2309	3104			
2290	1950				2310	3105			
2291					2311				
2292					2312	1948			
2293					2313	2372			
2294					2314	2373			

Nos du catalogue. Nouveaux.	Anciens.	1er corps	2e corps	3e corps	Nos du catalogue. Nouveaux.	Anciens.	1er corps	2e corps	3e corps
2315	2374				2335	1889			
2316					2336	1883			
2317	2365				2337	1973			
2318					2338	2375			
2319					2339	2376			
2320	2362				2340	2382			
2321	2363				2341	2381			
2322	2369				2342	2383			
2323	2368				2343				
2324	2370				2344	2380			
2325					2345	2386			
2326	2454				2346	2384			
2327	2367				2347				
2328	2366				2348	2385			
2329	2364				2349	2387			
2330	2371				2350				
2331					2351				
2332					2352	2441			
2333					2353	2440			
2334					2354	2392			

Nos du catalogue. Nouveaux.	Anciens.	1er corps	2e corps	3e corps
2355	2443			
2356	2393			
2357	2388			
2358	2446			
2359	2447			
2360	2391			
2361	2390			
2362	2389			
2363				
2364	66			
2365	2445			
2366	2435			
2367	2436			
2368	2431			
2369	2430			
2370	3605			

Nos du catalogue. Nouveaux.	Anciens.	1er corps	2e corps	3e corps
2371	3625			
2372	2432			
2373	2433			
2374	2434			
2375	2448			
2376				
2377				
2378				
2379				
2380				
2381				
2382				
2383				
2384				
2385				
2386				

CHAPITRE XVIII. — Mesures, balances, outils divers.

Nouveaux.	Anciens.	1er corps	2e corps	3e corps
2387	3109			
2388	3110			
2389	3111			
2390	3112			
2391	3113			
2392	3114			

Nos du catalogue. Nouveaux.	Anciens.	1er corps	2e corps	3e corps	Nos du catalogue. Nouveaux.	Anciens.	1er corps	2e corps	3e corps
2393	2509				2413	2522			
2394	2510				2414	2523			
2395	2511				2415	2524			
2396	2679				2416				
2397	2680				2417				
2398	2518				2418				
2399	2518 *bis*				2419				
2400	2520				2420	2529			
2401	2696				2421	2527			
2402	2521				2422	2528			
2403	2519				2423	2530			
2404	2517				2424	2671			
2405	2515				2425	2532			
2406	2516				2426	2682			
2407	2698				2427	2685			
2408	2514				2428	2533			
2409	2513				2429	2615			
2410	2512				2430	2615 *bis*			
2411					2431	2613			
2412	2525				2432	2614			

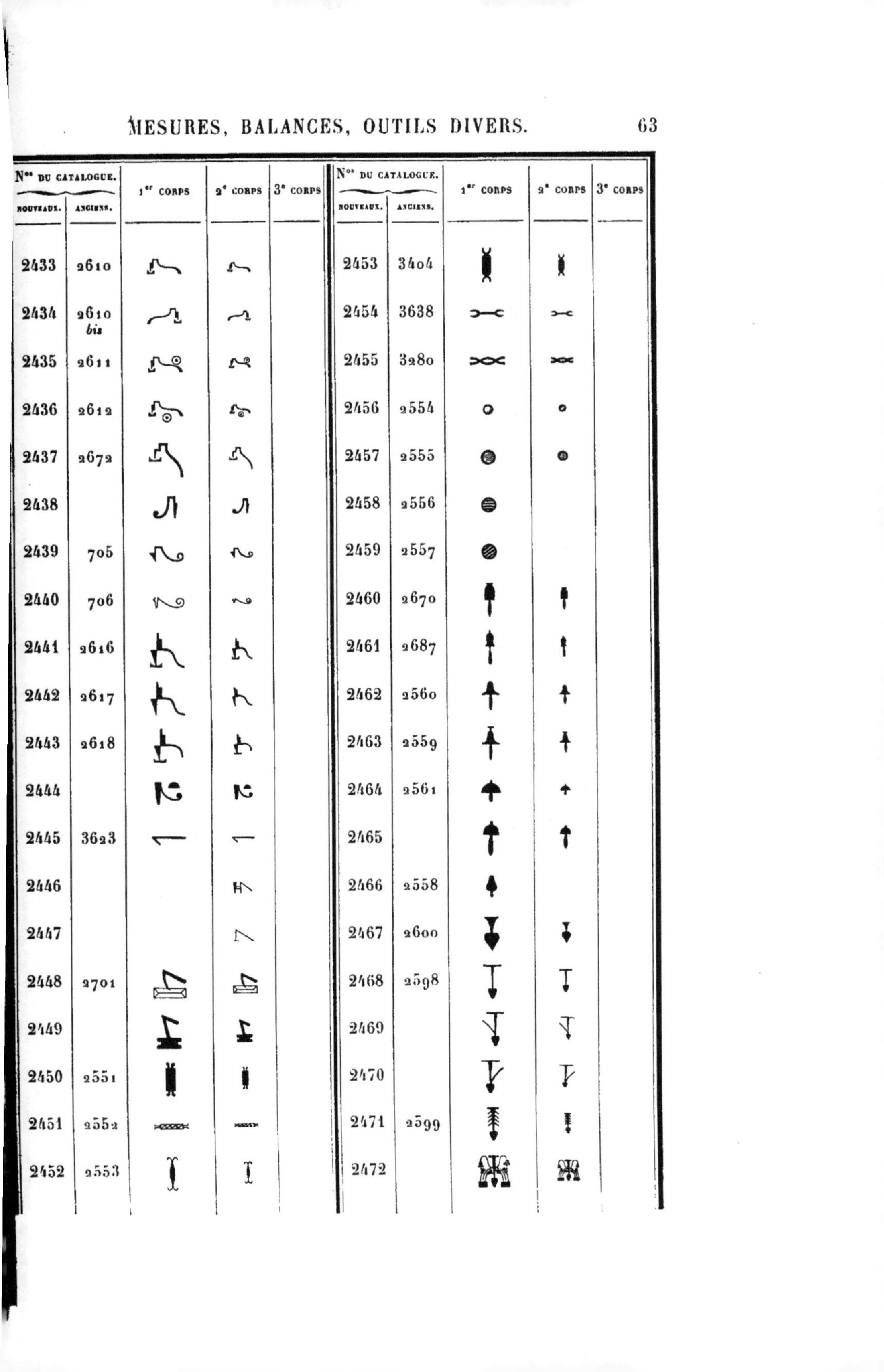

N^os DU CATALOGUE.		1er CORPS	2^e CORPS	3^e CORPS
NOUVEAUX.	ANCIENS.			
2433	2610			
2434	2610 *bis*			
2435	2611			
2436	2612			
2437	2672			
2438				
2439	705			
2440	706			
2441	2616			
2442	2617			
2443	2618			
2444				
2445	3623			
2446				
2447				
2448	2701			
2449				
2450	2551			
2451	2552			
2452	2553			
2453	3404			
2454	3638			
2455	3280			
2456	2554			
2457	2555			
2458	2556			
2459	2557			
2460	2670			
2461	2687			
2462	2560			
2463	2559			
2464	2561			
2465				
2466	2558			
2467	2600			
2468	2598			
2469				
2470				
2471	2599			
2472				

Nos DU CATALOGUE. Nouveaux.	Anciens.	1er CORPS	2e CORPS	3e CORPS	Nos DU CATALOGUE. Nouveaux.	Anciens.	1er CORPS	2e CORPS	3e CORPS
2473	2657				2493	2674 *bis*			
2474					2494	2678			
2475	2665				2495	2678 *bis*			
2476	2666				2496	2636			
2477	2667				2497	2635			
2478	2668				2498	683			
2479	2669				2499				
2480	2694				2500				
2481	2695				2501				
2482	2693				2502	2643			
2483	2531				2503	2639			
2484	2658				2504	2640			
2485	2659				2505	2641			
2486	2660				2506				
2487	2662				2507	2619			
2488	2661				2508	2697			
2489	2664				2509	2689			
2490	2663				2510				
2491	2633				2511	2597			
2492	2674				2512				

Nos du catalogue. Nouveaux.	Anciens.	1er corps	2e corps	3e corps	Nos du catalogue. Nouveaux.	Anciens.	1er corps	2e corps	3e corps
2513	825				2533				
2514					2534				
2515					2535	2589			
2516	2591				2536	3603			
2517	2592				2537	3601			
2518					2538	3602			
2519					2539	2581			
2520	2675				2540	2582			
2521					2541	2593			
2522					2542	2590			
2523					2543	2588			
2524					2544	2584			
2525					2545	2596			
2526					2546	2586			
2527					2547	2587			
2528					2548	2585			
2529					2549	2595			
2530					2550	2583			
2531					2551	2572			
2532					2552	2571			

N°s du catalogue. Nouveaux.	Anciens.	1er corps	2e corps	3e corps	N°s du catalogue. Nouveaux.	Anciens.	1er corps	2e corps	3e corps
2553	2567				2573	2958			
2554	2568				2574	2955			
2555	2570				2575	2956			
2556	2569				2576	2948			
2557					2577	2908			
2558	2605				2578	2913			
2559	2601				2579	2940			
2560	2606				2580	2939			
2561	2603				2581	2915			
2562	2603 *bis*				2582	2914			
2563	2604				2583	2880			
2564	2602				2584	2910			
2565					2585	2917			
2566					2586	2941			
2567					2587	2942			
2568	2608				2588	2909			
2569	2609				2589	2911			
2570	2607				2590	2912			
2571	2936				2591	2944			
2572	2957				2592	2943			

Nos DU CATALOGUE.		1er CORPS	2e CORPS	3e CORPS
NOUVEAUX.	ANCIENS.			
2593	2881			
2594	2656			
2595				
2596	3604			
2597	2415			
2598	2416			
2599				
2600	2419			
2601	2417			
2602	2417 *bis*			
2603	2418			
2604	3186			
2605	3159			
2606	3161			
2607	3162			
2608	3160			
2609				
2610	3182			
2611	3633			
2612				
2613	2699			
2614				
2615				
2616				
2617				
2618	2544			
2619				
2620				
2621				
2622				
2623				
2624				
2625				
2626				

CHAPITRE XIX. — ENGINS DE PÊCHE, DE CHASSE ET DE GUERRE.

Nos DU CATALOGUE.		1er CORPS	2e CORPS	3e CORPS
NOUVEAUX.	ANCIENS.			
2627	2803			
2628	2736			
2629	2737			
2630				

Nos du catalogue. Nouveaux.	Anciens.	1er corps	2e corps	3e corps	Nos du catalogue. Nouveaux.	Anciens.	1er corps	2e corps	3e corps
2631	2734				2651	2798			
2632	2735				2652	2802			
2633	2738				2653	2751			
2634	2739				2654	2752			
2635	2740				2655	2753			
2636					2656	2754			
2637	2771				2657	2755			
2638	2749				2658	2756			
2639	2750				2659	2757			
2640	1570				2660	2799			
2641	2748				2661	2758			
2642	2747				2662	2759			
2643	2742				2663	1929			
2644	2746				2664	2801			
2645	2741				2665				
2646	2743				2666				
2647	2744				2667	3639			
2648	2745				2668	2800			
2649	2791				2669	3181			
2650	2797				2670	3088			

Nos du catalogue. Nouveaux.	Anciens.	1er corps	2e corps	3e corps	Nos du catalogue. Nouveaux.	Anciens.	1er corps	2e corps	3e corps
2671	3089				2691	2768			
2672	3085				2692	2769			
2673	2762				2693	2780			
2674	3087				2694	2781			
2675	2761				2695	2932			
2676	3086				2696	2774			
2677	3090				2697	2776			
2678	3199				2698	2775			
2679	3200				2699	1930			
2680	2452				2700	1931			
2681	2760				2701	2625			
2682	752				2702	2626			
2683	2394				2703	2623			
2684	2395				2704	2628			
2685	2396				2705	2681			
2686	2763				2706	2627			
2687	2764				2707	2620			
2688	2765				2708	2686			
2689	2767				2709	2621			
2690	2766				2710	2622			

Nos du catalogue. Nouveaux.	Anciens.	1er corps	2e corps	3e corps
2711	2777			
2712	2624			
2713	2630			
2714	2631			
2715	1927			
2716	2632			
2717				
2718	2562			
2719	2563			
2720	2564			
2721	2565			
2722	2566			
2723				
2724	2534			
2725	2535			
2726	2536			
2727	2542			
2728	2770			
2729	2537			
2730	2538			
2731	86			
2732	2540			
2733	2539			
2734	1713			
2735	1714			
2736				
2737				
2738	2541			
2739	2543			
2740	2546			
2741				
2742	2549			
2743	2550			
2744	2547			
2745	2548			
2746	2673			
2747				
2748	2644			
2749	2645			
2750	2646			

Nos du catalogue. Nouveaux.	Nos du catalogue. Anciens.	1er corps	2e corps	3e corps
2791	2692			
2792	1573			
2793	1574			
2794	3641			
2795	3640			
2796	3589			
2797	3588			
2798	3590			
2799	751			
2800				
2801	753			
2802	2789			
2803	2790			
2804	2792			
2805				
2806				
2807				
2808				
2809				
2810				
2811				
2812				
2813				
2814				

CHAPITRE XX. — Navires, barques sacrées, agrès.

Nos du catalogue. Nouveaux.	Nos du catalogue. Anciens.	1er corps	2e corps	3e corps
2815	2008			
2816	2010			
2817	2009			
2818	2011			
2819	2012			
2820	2013			
2821	2013 *bis*			
2822	2014			
2823	2015			
2824	2064			
2825				
2826	2060			
2827	2056			
2828	3584			

Nos DU CATALOGUE. NOUVEAUX.	ANCIENS.	1er CORPS	2e CORPS	3e CORPS
2829	2055			
2830	2018			
2831	2019			
2832	2020			
2833	2021			
2834	2024			
2835	2025			
2836	2022			
2837	2026			
2838	2023			
2839	2027			
2840	2028			
2841				
2842				
2843	2029			
2844				
2845	2031			
2846	2030			
2847	2059			
2848	2016			
2849	2017			
2850				
2851	2066			
2852	2065			
2853	3583			
2854	2061			
2855	2062			
2856	3582			
2857	2032			
2858	2033			
2859	2067			
2860	2041			
2861	2042			
2862	2040			
2863	2039			
2864	2034			
2865	2035			
2866	2038			
2867	2036			
2868	2037			

Nos du catalogue.		1er corps	2e corps	3e corps
nouveaux.	anciens.			
2869	2043			
2870				
2871				
2872	2050			
2873	2044			
2874				
2875	2047			
2876	2049			
2877	2045			
2878	2048			
2879	2046			
2880	2063			
2881				
2882	2053			
2883	2054			
2884				
2885	2052			
2886	2051			
2887	2545			
2888				
2889				
2890				
2891				
2892				
2893				
2894				
2895				
2896				
2897				
2898				

CHAPITRE XXI. — Coiffures, vêtements, parures, objets de toilette.

Nos du catalogue.		1er corps	2e corps	3e corps
nouveaux.	anciens.			
2899	2119			
2900	2120			
2901	2121			
2902	2122			
2903	2123			
2904	2169			
2905	2848			
2906	2849			

N^{os} du catalogue. Nouveaux.	Anciens.	1er corps	2^{e} corps	3^{e} corps	N^{os} du catalogue. Nouveaux.	Anciens.	1er corps	2^{e} corps	3^{e} corps
2907					2927				
2908					2928				
2909	2866				2929				
2910	2867				2930	2865			
2911	2850				2931				
2912	2850 *bis*				2932				
2913					2933				
2914					2934				
2915	2847				2935	2845			
2916					2936	2157			
2917					2937	2846			
2918					2938	2135			
2919	2852				2939	2136			
2920	2853				2940	2137			
2921					2941	2167			
2922	2851				2942	2167 *bis*			
2923	2854				2943	2168			
2924	2855				2944	2166			
2925	2856				2945	2149			
2926	2857				2946	2526			

N^os DU CATALOGUE. NOUVEAUX.	ANCIENS.	1er CORPS	2^e CORPS	3^e CORPS
2947	2148			
2948	2150			
2949	2251			
2950	3393			
2951	3394			
2952	2159			
2953	2141			
2954	2142			
2955	2143			
2956	2144			
2957	2146			
2958	2145			
2959	2138			
2960				
2961	2139			
2962	2140			
2963	2152			
2964				
2965	2153			
2966				
2967	2132			
2968	2158			
2969				
2970	2133			
2971	2134			
2972	2425			
2973	2426			
2974	2131			
2975				
2976				
2977	2154			
2978	2127			
2979	2128			
2980	2151			
2981	2165			
2982	2171			
2983				
2984				
2985	2413			
2986	2412			

Nos du catalogue. Nouveaux.	Anciens.	1er corps	2e corps	3e corps
2987	2410			
2988	2411			
2989	2409			
2990	2796			
2991				
2992				
2993				
2994				
2995				
2996				
2997				
2998				
2999				
3000				
3001				
3002				

CHAPITRE XXII. — Supports d'enseignes, sceptres, emblèmes symboliques.

Nos du catalogue. Nouveaux.	Anciens.	1er corps	2e corps	3e corps
3003	2861			
3004				
3005	2965			
3006	2860			
3007				
3008	2859			
3009	2862			
3010	2863			
3011	2935			
3012	2969			
3013	2864			
3014	2951			
3015	2883			
3016	2884			
3017	2947			
3018	2885			
3019	2888			
3020	2886			
3021	2886 *bis*			
3022	2887			
3023	2960			
3024				

N^os DU CATALOGUE. NOUVEAUX.	N^os DU CATALOGUE. ANCIENS.	1er CORPS	2^e CORPS	3^e CORPS
2751	2647			
2752	2648			
2753				
2754	2651			
2755	2652			
2756				
2757	2653			
2758	2650			
2759	2649			
2760	73			
2761				
2762	67			
2763	68			
2764	754			
2765	747			
2766				
2767				
2768	2654			
2769	2700			
2770	2655			
2771	2794			
2772	2795			
2773				
2774	2783			
2775				
2776	2782			
2777	2787			
2778	3597			
2779	1571			
2780	1572			
2781				
2782	2786			
2783	2784			
2784				
2785	2785			
2786	71			
2787				
2788	2773			
2789	2677			
2790				

Nos du catalogue. Nouveaux.	Anciens.	1er corps	2e corps	3e corps	Nos du catalogue. Nouveaux.	Anciens.	1er corps	2e corps	3e corps
3025	2889				3045				
3026	2945				3046	2902			
3027	2946				3047	2967			
3028					3048	2966			
3029	976				3049	2959			
3030	1087				3050	2918			
3031	1087 *bis*				3051	2921			
3032	977				3052	2923			
3033	980				3053	2922			
3034	981				3054	2924			
3035	979				3055	2925			
3036	978				3056	2926			
3037	1035				3057	2927			
3038	2916				3058	2929			
3039	2893				3059	2930			
3040	2894				3060	2928			
3041					3061				
3042	2897				3062	2919			
3043	2896				3063	2920			
3044	2895				3064	2874			

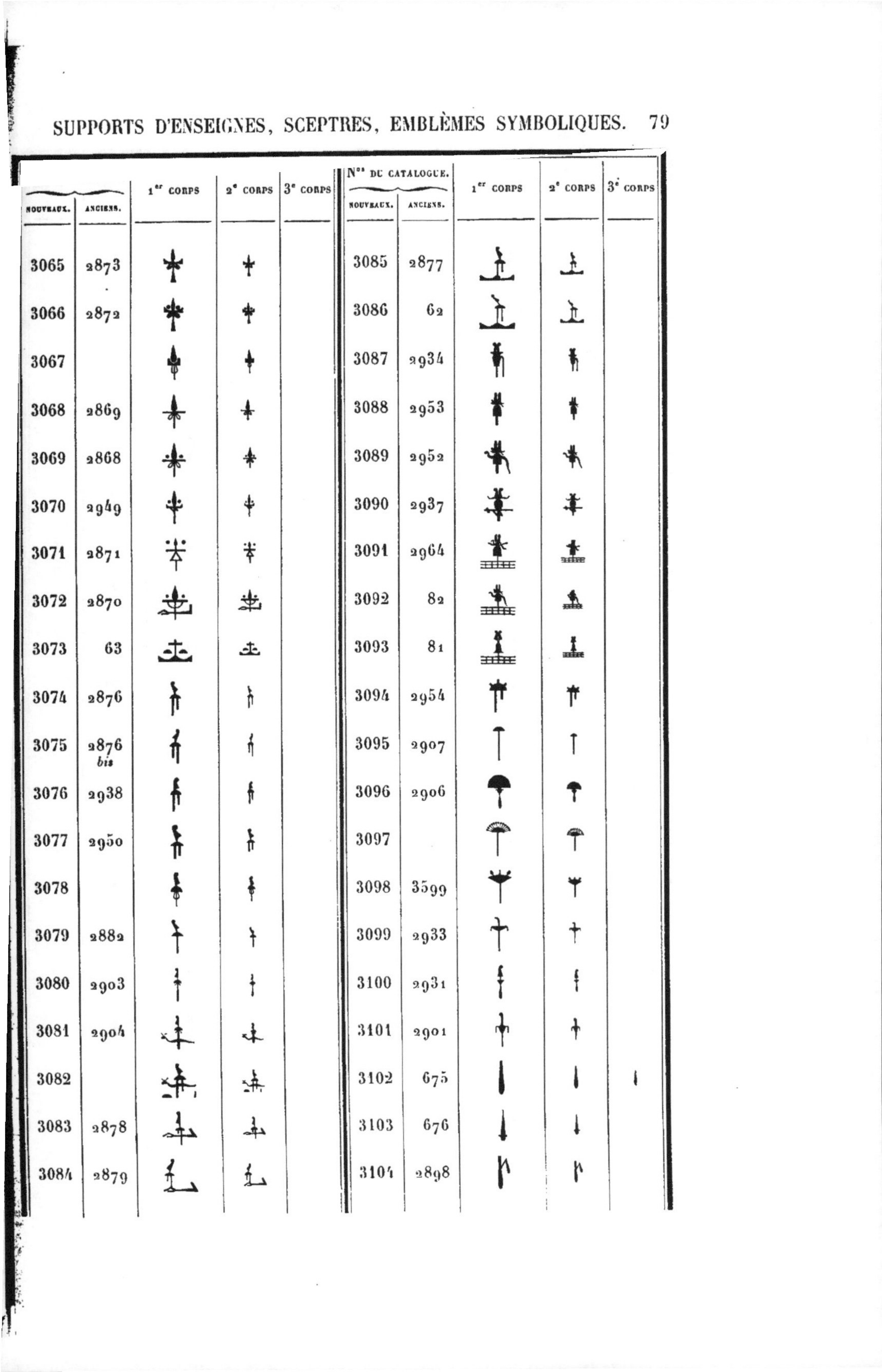

Nos du catalogue.		1er corps	2e corps	3e corps
nouveaux.	anciens.			
3065	2873			
3066	2872			
3067				
3068	2869			
3069	2868			
3070	2949			
3071	2871			
3072	2870			
3073	63			
3074	2876			
3075	2876 *bis*			
3076	2938			
3077	2950			
3078				
3079	2882			
3080	2903			
3081	2904			
3082				
3083	2878			
3084	2879			
3085	2877			
3086	62			
3087	2934			
3088	2953			
3089	2952			
3090	2937			
3091	2964			
3092	82			
3093	81			
3094	2954			
3095	2907			
3096	2906			
3097				
3098	3599			
3099	2933			
3100	2931			
3101	2901			
3102	675			
3103	676			
3104	2898			

Nos du catalogue. Nouveaux.	Anciens.	1er corps	2e corps	3e corps	Nos du catalogue. Nouveaux.	Anciens.	1er corps	2e corps	3e corps
3105	2892				3125	748			
3106	2890				3126	749			
3107	2891				3127	3381			
3108	2254				3128	3382			
3109					3129	3383			
3110	2252				3130				
3111	2253				3131	2377			
3112	2261				3132	2378			
3113					3133	2379			
3114	2900				3134	3488			
3115	2899				3135				
3116					3136	2963			
3117	2970				3137	2420			
3118	2961				3138	3615			
3119	2905				3139	3616			
3120	2962				3140	3628			
3121	3378				3141	3629			
3122	3379				3142				
3123	3380				3143				
3124	3390				3144				

Nos du catalogue. Nouveaux.	Anciens.	1er corps	2e corps	3e corps	Nos du catalogue. Nouveaux.	Anciens.	1er corps	2e corps	3e corps
3145					3149				
3146					3150				
3147					3151				
3148					3152				

CHAPITRE XXIII. — Musique, écriture, jeux.

Nos du catalogue. Nouveaux.	Anciens.	1er corps	2e corps	3e corps	Nos du catalogue. Nouveaux.	Anciens.	1er corps	2e corps	3e corps
3153	2230				3168	2241			
3154					3169	2257			
3155					3170	2239			
3156					3171	2240			
3157	2231				3172	2242			
3158					3173	3028			
3159	2232				3174	2243			
3160	2267				3175	2245			
3161	2256				3176	2246			
3162	2238				3177	2244			
3163	2236				3178	3242			
3164	2237				3179	2262			
3165	2155				3180	2264			
3166	2147				3181	2263			
3167					3182	2249			

Nos du catalogue. Nouveaux.	Nos du catalogue. Anciens.	1er corps	2e corps	3e corps
3183	2250			
3184	2258			
3185	2248			
3186	2247			
3187	2259			
3188	2234			
3189	2235			
3190	2265			
3191	2260			
3192	2233			
3193	3626			
3194				
3195	2427			
3196	2428			
3197				
3198	2429			
3199	3106			
3200	2788			
3201				
3202				
3203				
3204				
3205				
3206				

CHAPITRE XXIV. — Pains.

Nos du catalogue. Nouveaux.	Nos du catalogue. Anciens.	1er corps	2e corps	3e corps
3207	3030			
3208	3031			
3209	3032			
3210	3033			
3211	3038			
3212	3014			
3213	3015			
3214	3013			
3215	3039			
3216	3029			
3217	3034			
3218	3035			
3219	3036			
3220	3037			

Nos du catalogue. Nouveaux.	Anciens.	1er corps	2e corps	3e corps	Nos du catalogue. Nouveaux.	Anciens.	1er corps	2e corps	3e corps
3221	3027				3234	3021			
3222	3017				3235	3025			
3223	3016				3236	3022			
3224					3237	3023			
3225	3040				3238	3026			
3226	3018				3239				
3227	3480				3240				
3228	3481				3241				
3229	3019				3242				
3230					3243				
3231	3512				3244				
3232	3195				3245				
3233	3024				3246				

CHAPITRE XXV. — Corbeilles, paniers, vases.

Nouveaux	Anciens	1er corps	2e corps	3e corps	Nouveaux	Anciens	1er corps	2e corps	3e corps
3247	2573				3253	2576			
3248	2579				3254	2574			
3249	2580				3255				
3250	2575				3256				
3251	2578				3257	3067			
3252	2577				3258				

Nos du catalogue. Nouveaux.	Anciens.	1er corps	2e corps	3e corps	Nos du catalogue. Nouveaux.	Anciens.	1er corps	2e corps	3e corps
3259					3279	3084			
3260	3068				3280	3177			
3261	3069				3281	3197			
3262	3180				3282	3091			
3263	3070				3283				
3264	3201				3284				
3265	3071				3285	3621			
3266	3075				3286	3632			
3267					3287	3107			
3268	3212				3288	3092			
3269	3076				3289	3093			
3270	3077				3290	3094			
3271	3194				3291	3095			
3272	3074				3292	3096			
3273	3078				3293	3097			
3274	3079				3294				
3275	3080				3295				
3276	3081				3296	3642			
3277	3082				3297	3098			
3278	3083				3298	3099			

Nos du catalogue. Nouveaux.	Anciens.	1er corps	2e corps	3e corps
3299				
3300	3100			
3301	3101			
3302	3108			
3303	3192			
3304	3193			
3305	3122			
3306	3124			
3307	3121			
3308	3123			
3309				
3310	3125			
3311	3126			
3312	3127			
3313	3187			
3314	3188			
3315	3191			
3316	3128			
3317	3190			
3318	3129			
3319	3130			
3320	3132			
3321	3133			
3322	3185			
3323	3146			
3324	3143			
3325	3142			
3326	3144			
3327	3145			
3328	3568			
3329	3147			
3330	3148			
3331	3149			
3332	3184			
3333	3150			
3334	3151			
3335				
3336	3158			
3337	3152			
3338	3153			

Nos du catalogue. Nouveaux.	Anciens.	1er corps	2e corps	3e corps	Nos du catalogue. Nouveaux.	Anciens.	1er corps	2e corps	3e corps
3339	3155				3359	3172			
3340	3154				3360	3175			
3341					3361	3173			
3342	3134				3362	3174			
3343					3363				
3344	3136				3364	3176			
3345	3139				3365				
3346	3140				3366	3170			
3347	3141				3367	3171			
3348	3183				3368	3167			
3349	3138				3369	3168			
3350	3137				3370	3169			
3351	3135				3371	2875			
3352	3156				3372	65			
3353	3163				3373	72			
3354					3374	3115			
3355	3164				3375				
3356	3165				3376	3119			
3357	3166				3377	3117			
3358					3378	3116			

Nos du catalogue. Nouveaux.	Anciens.	1er corps	2e corps	3e corps
3379	3118			
3380	3234[5]			
3381				
3382	3208			
3383	3232			
3384	3215			
3385	3216			
3386	3217			
3387	3157			
3388	3225			
3389	3214			
3390	3222			
3391	3224			
3392	3221			
3393	3227			
3394				
3395	3219			
3396	3223			
3397	3218			
3398	3220			
3399	3226			
3400	3213			
3401	3229			
3402	3207			
3403	3205			
3404				
3405	3206			
3406	3204			
3407	3209			
3408	3211			
3409	3228			
3410	3233			
3411	3230			
3412	3231			
3413	3234			
3414	3234[2]			
3415	3234[3]			
3416	3203			
3417	3210			
3418	3234[4]			

Nos du catalogue.		1er corps	2e corps	3e corps	Nos du catalogue.		1er corps	2e corps	3e corps
Nouveaux.	Anciens.				Nouveaux.	Anciens.			
3419					3428				
3420					3429				
3421					3430				
3422					3431				
3423					3432				
3424					3433				
3425					3434				
3426					3435				
3427					3436				

CHAPITRE XXVI. — Cordes, liens, noeuds, paquets.

Nouveaux.	Anciens.	1er corps	2e corps	3e corps	Nouveaux.	Anciens.	1er corps	2e corps	3e corps
3437	2422				3447	2160 *bis*			
3438	2421				3448	2124			
3439	2424				3449	2125			
3440					3450	2156			
3441	2170				3451				
3442	2163				3452				
3443	2161				3453	3586			
3444	2162				3454	2129			
3445	2126				3455	2130			
3446	2160				3456	2130 *bis*			

N^{os} du catalogue. Nouveaux.	Anciens.	1er corps	2^{e} corps	3^{e} corps
3457				
3458	3350			
3459	3350 *bis*			
3460	3351			
3461	3352			
3462	3353			
3463	3399			
3464	3401			
3465	3401 *bis*			
3466	3391			
3467	3354			
3468	3355			
3469	3346			
3470	3392			
3471	3347			
3472	3348			
3473	3279			
3474	3278			
3475				
3476				
3477				
3478	3349			
3479	3349 *bis*			
3480	3366			
3481	3396			
3482	3356			
3483	3356 *bis*			
3484	3397			
3485	3398			
3486	3400			
3487	3359			
3488	3358			
3489	3357			
3490				
3491	3361			
3492	3364			
3493				
3494	3362			
3495				
3496	2634			

Nos du catalogue.		1er corps	2e corps	3e corps	Nos du catalogue.		1er corps	2e corps	3e corps
nouveaux.	anciens.				nouveaux.	anciens.			
3497	848				3511	3371			
3498	3365				3512	1290			
3499	3402				3513	1291			
3500					3514				
3501	3363				3515	3569			
3502	3360				3516				
3503	3408				3517				
3504					3518				
3505					3519				
3506	3403				3520				
3507	3367				3521				
3508	3368				3522				
3509	3369				3523				
3510	3407				3524				

CHAPITRE XXVII. — Figures géométriques.

Nos nouveaux	Nos anciens	1er corps	2e corps	3e corps	Nos nouveaux	Nos anciens	1er corps	2e corps	3e corps
3525	3235				3530	3261			
3526	3281				3531	3265			
3527	3236				3532	3592			
3528	3237				3533	3262			
3529	3238				3534	3591			

Nos du catalogue. Nouveaux.	Anciens.	1er corps	2e corps	3e corps
3535	3609			
3536	3239			
3537				
3538	3241			
3539	3240			
3540	3254			
3541	3254 *bis*			
3542	2772			
3543				
3544	3293			
3545	3294			
3546	3256			
3547	3243			
3548				
3549	3247			
3550	3246			
3551	3244			
3552	3245			
3553	3288			
3554	3289			
3555	3253			
3556	3284			
3557	3634			
3558	3635			
3559	3295			
3560				
3561	3264			
3562	3285			
3563	3571			
3564	3572			
3565	2414			
3566	3263			
3567	3266			
3568	3257			
3569	3258			
3570	3259			
3571	3260			
3572	3301			
3573	3370			
3574	3272			

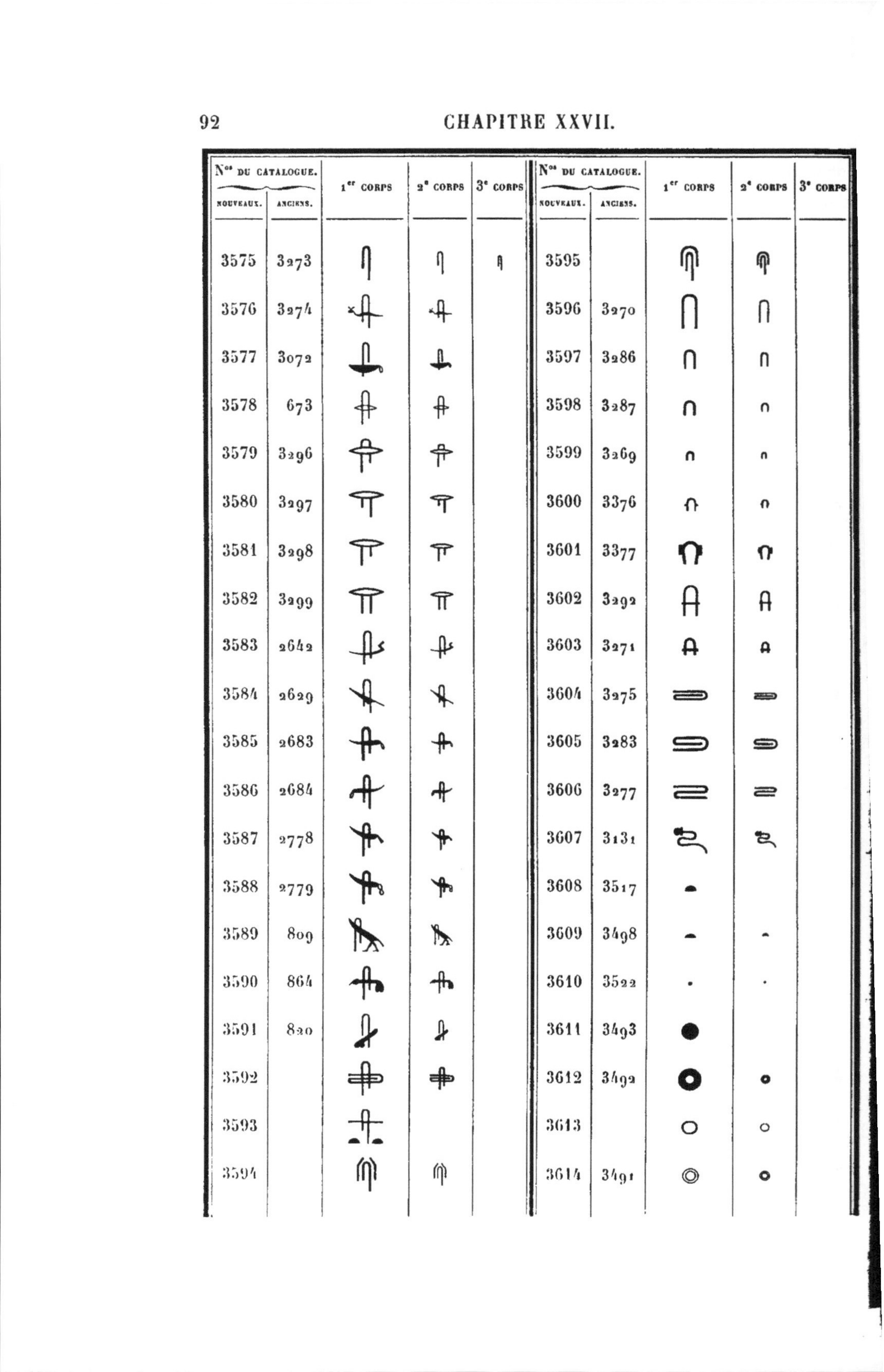

Nos du catalogue. Nouveaux.	Anciens.	1er corps	2e corps	3e corps
3575	3273			
3576	3274			
3577	3072			
3578	673			
3579	3296			
3580	3297			
3581	3298			
3582	3299			
3583	2642			
3584	2629			
3585	2683			
3586	2684			
3587	2778			
3588	2779			
3589	809			
3590	864			
3591	820			
3592				
3593				
3594				
3595				
3596	3270			
3597	3286			
3598	3287			
3599	3269			
3600	3376			
3601	3377			
3602	3292			
3603	3271			
3604	3275			
3605	3283			
3606	3277			
3607	3131			
3608	3517			
3609	3498			
3610	3522			
3611	3493			
3612	3492			
3613				
3614	3491			

Nos DU CATALOGUE. NOUVEAUX.	ANCIENS.	1er CORPS	2e CORPS	3e CORPS
3615	3495			
3616	3496			
3617	3521			
3618	3520			
3619	3497			
3620	3606			
3621	3483			
3622	3484			
3623	3486			
3624	1335			
3625	3485			
3626				
3627	3489			
3628	3490			
3629	2400			
3630	2399			
3631	3612			
3632	2398			
3633	3502			
3634	3502 *bis*			

Nos DU CATALOGUE. NOUVEAUX.	ANCIENS.	1er CORPS	2e CORPS	3e CORPS
3635	3518			
3636	3519			
3637	3469			
3638				
3639				
3640				
3641	3468			
3642	3467			
3643	3614			
3644	3613			
3645	3525			
3646	3477			
3647	3526			
3648	3471			
3649	3472			
3650	3527			
3651	3466			
3652				
3653				
3654				

Nos du catalogue. Nouveaux.	Anciens.	1er corps	2e corps	3e corps	Nos du catalogue. Nouveaux.	Anciens.	1er corps	2e corps	3e corps
3655					3670	3387			
3656	707				3671	3405			
3657	2858				3672	3389			
3658					3673	3384			
3659					3674	3388			
3660					3675				
3661					3676				
3662					3677				
3663	3528				3678				
3664					3679				
3665					3680				
3666					3681				
3667	3585				3682				
3668	3385				3683				
3669	3386				3684				

CHAPITRE XXVIII. — Objets de forme et d'usage indéterminés.

Nouveaux	Anciens	1er corps	2e corps	3e corps	Nouveaux	Anciens	1er corps	2e corps	3e corps
3685	3607				3689				
3686	3576				3690	3581			
3687	3577				3691	3579			
3688	3578				3692	3580			

Nos du catalogue. Nouveaux.	Anciens.	1er corps	2e corps	3e corps
3693	3630			
3694	3620			
3695	3303			
3696	3267			
3697	3268			
3698				
3699				
3700				
3701				
3702	2164			
3703				
3704	2360			
3705				
3706	3574			
3707				
3708	2453			
3709				
3710	2407			
3711	2407 *bis*			
3712	2404			

Nos du catalogue. Nouveaux.	Anciens.	1er corps	2e corps	3e corps
3713	2405			
3714	2406			
3715	2401			
3716	2402			
3717	2403			
3718	3636			
3719	3570			
3720	2408			
3721	2438			
3722	2450			
3723	3587			
3724	3610			
3725				
3726	3372			
3727	3373			
3728	2793			
3729	3631			
3730	2266			
3731				
3732				

Nos du catalogue.		1er corps	2e corps	3e corps
Nouveaux.	Anciens.			
3733	3598			
3734	2690			
3735	2968			
3736	3622			
3737	3179			
3738				
3739	2688			
3740	3617			
3741	3618			
3742				
3743				
3744	3202			
3745				
3746				
3747				
3748				
3749				
3750				
3751				
3752				

Nos du catalogue.		1er corps	2e corps	3e corps
Nouveaux.	Anciens.			
3753				
3754	3573			
3755				
3756				
3757	3196			
3758				
3759				
3760				
3761				
3762	2691			
3763	2451			
3764	94			
3765				
3766	3637			
3767	3575			
3768				
3769				
3770	3600			
3771	1575			
3772	3302			

…ALOGUE.		1er CORPS	2e CORPS	3e CORPS	Nos DU CATALOGUE.		1er CORPS	2e CORPS	3e CORPS
	ANCIENS.				NOUVEAUX.	ANCIENS.			
3773	3406				3787				
3774	1336				3788				
3775	3611				3789				
3776	3608				3790				
3777	3291				3791				
3778	3509				3792				
3779	3510				3793				
3780					3794				
3781					3795				
3782					3796				
3783					3797				
3784					3798				
3785					3799				
3786					3800				

SUPPLÉMENT.

Nos du catalogue. Nouveaux.	Anciens.	1er corps	2e corps	3e corps	Nos du catalogue. Nouveaux.	Anciens.	1er corps	2e corps	3e corps
3801					3819				
3802					3820				
3803					3821				
3804					3822				
3805					3823				
3806					3824				
3807	2255				3825				
3808	2397				3826				
3809					3827				
3810					3828				
3811					3829				
3812					3830				
3813					3831				
3814					3832				
3815					3833				
3816					3834				
3817					3835				
3818					3836				

www.ingramcontent.com/pod-product-compliance
Ingram Content Group UK Ltd.
Pitfield, Milton Keynes, MK11 3LW, UK
UKHW021107260726
13994UKWH00002B/753